H. A. Wilson

A Classified Index to the Leonine, Gelasian and Gregorian Sacramentaries

According to the Text of Muratori's Liturgia Romana vetus

H. A. Wilson

A Classified Index to the Leonine, Gelasian and Gregorian Sacramentaries
According to the Text of Muratori's Liturgia Romana vetus

ISBN/EAN: 9783744647144

Printed in Europe, USA, Canada, Australia, Japan

Cover: Foto ©Lupo / pixelio.de

More available books at **www.hansebooks.com**

A CLASSIFIED INDEX

TO THE

LEONINE, GELASIAN AND GREGORIAN

SACRAMENTARIES

ACCORDING TO THE TEXT OF

MURATORI'S
LITURGIA ROMANA VETUS.

BY

H. A. WILSON, M.A.,
FELLOW OF MAGDALEN COLLEGE, OXFORD.

CAMBRIDGE:
AT THE UNIVERSITY PRESS.
1892

[*All Rights reserved.*]

PREFACE.

THIS Index was prepared by the compiler for his own use, with a view to some work on the Gelasian Sacramentary. He has been led to hope that it may prove useful to others engaged in similar studies.

The *Liturgia Romana Vetus* of Muratori was chosen as a standard of reference, as being the only book which contains a text of each of the three Sacramentaries.* The references are given in all cases not by *volume* and column, but by *Sacramentary* and column, so as to show at a glance in which of the three Sacramentaries any particular form occurs. The Leonine Sacramentary is denoted by the letter L, the Gelasian by G, the Gregorian by Gr. It frequently happens that a particular form, say a Collect, appears in more than one of the three Sacramentaries, or in more than one place in the same Sacramentary, sometimes with variations of reading, sometimes with the insertion of words intended to fit it for a special purpose, or with such an amount of variation as to suggest a revision of the form. In all cases where such variation has been observed, the fact is indicated by the use of brackets. The method which has been followed may perhaps be most clearly explained by a concrete instance. Thus on p. 26 will be found the following entry

Beati Joannis Baptistae nos Dne. praeclara   L. 325 (G. 649) (Gr. 98) (cf. G. 650).

This means that a Collect beginning with the words recited will be found at col. 325 of the Leonine Sacramentary, at col. 649 of the Gelasian, at col. 98 of the Gregorian, and also at col. 650 of the Gelasian. But the forms in the Gelasian and Gregorian show some

* The edition employed is that of 1748.

variations both from that at L. 325 (the form first referred to being always taken as the standard), and from one another, while the variation observed on col. 650 of the Gelasian Sacramentary is of such a kind that the Collect appearing there can hardly be said to be the same with the other forms.

In many cases cross-references are given to kindred forms which differ in their opening words, and which are consequently indexed under different headings. These references are given in brackets, with the addition of the word "see." The number of these cross-references might no doubt be largely increased (especially, perhaps, in the section of the Index containing the Collects), but it appeared to the compiler that it was worth while to supply such information as they afford, even though the cases in which he has observed a correspondence are probably only a part of the whole number. In those cases where the different headings of allied forms would, according to alphabetical arrangement, stand in the Index absolutely next to one another, it seemed justifiable to economise space by indexing the forms under one heading and employing italic type for those words of the heading in respect of which they differ. The need of economising space has also led to the use of abbreviations in the headings. These are not absolutely uniform, but it is believed that they are all such as to be readily understood by any one who is likely to consult the Index.

In the headings of the section containing the Eucharistic Prefaces it appeared to the compiler that the best course was to take in all cases the opening words of the Preface itself, without regard to the ending of the introductory form—making, that is to say, no distinction between the Prefaces which are preceded by the words "*aeterne Deus*" and those which are preceded by the words "*per Christum Dominum nostrum.*" This method was chosen for practical reasons, in view of the fact that manuscript Sacramentaries often display a variation in the mode of introducing the same Preface.

Practical convenience has also been his reason for making no attempt to discriminate between Collects, Secrets, Postcommunions, and "*Orationes super Populum.*" The same form frequently appears in different positions: and it therefore seemed best to include all the forms of these classes in one section of the Index. In this section also, for convenience sake, are included a number of forms belonging to the class of "Benedictions," to which the title of *Oratio* is given either in one or more of Muratori's Sacramentaries, or in MSS. which have come under the compiler's own notice. With regard to these forms it seemed possible that any one consulting the Index might hesitate whether to look for them in the Index of Collects or in the Index of Benedictions, and the most convenient plan therefore seemed to be that of including them in both sections.

As to the Gregorian Sacramentary it may be well to note that no distinction has been made between the different portions of Muratori's text in regard to the source from which they are derived, but only between forms contained in the text and the varying or additional forms given in his notes. The latter are marked by the addition of n to the number of the column. No account has been taken of Introits, Graduals, and the like, whether they appear in text or notes: nor have such portions of the text as the questions of the Pope and the answers of the Bishop-elect been included in the Index.

The compiler hopes that what has been said may suffice to explain the arrangement of his work. In conclusion, he would desire to express his thanks to the Syndics of the Cambridge University Press for their generosity in undertaking the publication of the book, and in particular to the Rev. J. Armitage Robinson for valuable suggestions as to details of arrangement in printing. His thanks are also due to Dr Wickham Legg, the Secretary of the Henry Bradshaw Society, not only for the suggestion that the work should be submitted to the Syndics of the Cambridge Press, but also for much kind encouragement in the completion of a somewhat laborious task.

MAGDALEN COLLEGE, OXFORD.
March 28, 1892.

INDEX OF EUCHARISTIC PREFACES.

A quo deviare mori coram quo ambulare vivere	Gr. 352
A tua enim nunquam est laude	L. 363
Ad cujus immensam pertinet gloriam	L. 448 (cf. Gr. 298)
Adest enim	
dies magnifici votiva martyrii	L. 467
nobis optatissimum tempus	G. 572
nobis s. sacerdotis et mart. tui Sixti	L. 392
Agnoscimus enim Dne. D. n. agnoscimus	L. 355
Apud quem	
quum b. Apostolorum	L. 338 (cf. G. 653) (cf. Gr. 325)
semper est praeclara vita	Gr. 283 (Gr. 322)
Audivimus enim prophetam dicentem	L. 477
B. Apostoli tui	
et Evang. Joannis	Gr. 292 (see L. 474)
Joannis Evang.	L. 474 (see Gr. 292)
B. Cypriani natalitia recensentes	Gr. 280, Gr. 335
B. Joannis Ap. gloriam recensentes	L. 475
B. Laurentii	
annua vota repetentes	L. 396
natalitia *celebrantes* (*repetentes* Gr. 331)	Gr. 279 (Gr. 331)
B. nobis enim Clementis hodie	L. 461
B. Stephani Levitae simul et mart.	L. 387 (Gr. 291)
Celebramus enim tuorum natalitia	L. 302
Celebrantes sanctorum natalitia	
coronatorum	Gr. 340 (see L. 455)
patronorum	L. 455 (see Gr. 340)
Circumdantes altaria tua virtutum	G. 576
Clementiam tuam	
profusis precibus implorantes	L. 449
pronis mentibus obsecrantes	Gr. 290 (Gr. 352)
suppl. exorantes ut sicut	L. 321
suppl. obsecrare ut spiritalis	G. 554 (see Gr. 311)
toto corde poscentes	L. 435
Cognoscimus enim Dne. tuae pietatis effectus	L. 392

Cognoscimus etenim Dne. s. nos martyrum	L. 298
Congaudet namque totum corpus Ecclesiae	L. 349
Cui proprium est ac singulare	G. 680 (cf. Gr. 287) (cf. Gr. 343)
Cujus bonitas hominem condidit	Gr. 307
Cujus divinae nativitatis potentiam	G. 494 (cf. Gr. 291)
Cujus Eccl. sic veris confessoribus	L. 301
Cujus et	
potentia sunt creata	L. 413
propitiationis exordium	L. 362
Cujus gratia b. Saturninum	Gr. 342
Cujus hoc mirificum opus	G. 590 (Gr. 286) (Gr. 322)
Cujus hodie	
circumcisionis diem	Gr. 293 (see G. 500)
faciem in confessione	Gr. 291
octavas nati celebrantes	G. 500 (see Gr. 293)
Cujus incarnatione salus facta est	Gr. 345
Cujus ineffabili gratia circa nos	L. 450
Cujus ineffabilis sapientia	L. 414
Cujus inspiratione	
b. Paulus Ap.	L. 352
succensi b. martyres	L. 330
Cujus munere b. Martinus	Gr. 340
Cujus nobis etiam ipsa medetur	L. 359
Cujus nos	
fides excitat	Gr. 310
humanitas colligit	Gr. 276, Gr. 310
misericordia praevenit	Gr. 310
Cujus omnipotentia deprecanda est	Gr. 289 (Gr. 351)
Cujus operis est quod conditi sumus	Gr. 341
Cujus primi adventus mysterium	Gr. 342
Cujus primum tuae pietatis	Gr. 329
Cujus propitiationem in hac primum	L. 370
Cujus providentia donisque concessum	L. 344
Cujus sacram passionem pro immortalibus	Gr. 356
Cujus salutiferae passionis et glor. Resurr.	Gr. 277, Gr. 311
Cum exultatione trepidos	L. 432
De tua misericordia postulantes	L. 397
De tuo munere postulantes ut tempora	G. 585
Donari nobis suppl. exorantes	L. 310 (Gr. 326)
Ecce enim sicut	
per os locutus est	L. 469
sacer sermo	L. 404
Et clementiam tuam	
cum omni supplicatione	Gr. 304
pronis mentibus implorare	Gr. 330
suppl. exorare ut cum	Gr. 283, Gr. 337
suppl. exorare ut F. tuus	Gr. 278 (see G. 579, Gr. 339)

INDEX OF EUCHARISTIC PREFACES

Et clementiam tuam
    suppl. obsecrare ut spiritalis   Gr. 311 (see G. 554)
Et confessionem sancti Felicis   Gr. 294
Et devotis mentibus natale b. mart. tui   Gr. 329
Et diem b. Agnetis martyrio   Gr. 295
Et gloriam tuam profusis precibus exorare   Gr. 326
Et gloriosi (*Ill.*) martyris pia certamina   Gr. 347
Et immensam bonitatis tuae pietatem   Gr. 285 (Gr. 315)
Et immensam pietatem tuam indefessis   Gr. 344
Et in die
    festiv. hodiernae qua b. Joannes   Gr. 324 (see L. 327) (see Gr. 279)
    festiv. hodiernae qua b. Sixtus   Gr. 328 (see L. 390)
    solemnitatis hodiernae qua b. Laurentius   Gr. 329
Et in hac
    die quam b. Clementis   Gr. 342
    die quam transitu sacro   Gr. 284, Gr. 348
    praecipue die qua J. C.   Gr. 319 (see L. 315, G. 589)
    solemnitate tibi laudis hostias   Gr. 285 (cf. Gr. 316)
Et in praesenti festivitate s. mart. tui   Gr. 282, Gr. 347
Et in pretiosis mortibus parvulorum   Gr. 292 (see L. 476)
Et majestatem tuam
    cernua devotione   Gr. 273 (Gr. 300)
    humiliter exposcere ut ita   Gr. 287 (Gr. 344)
    indefessis precibus exorare ut mentes   Gr. 278, Gr. 318
    supplici devotione exorare ut beatorum   Gr. 284, Gr. 349
Et majestatem tuam suppliciter exorare
    ut Ecclesiam   Gr. 296
    ut mentibus   Gr. 274, Gr. 302
    ut non nostrae   Gr. 317
    ut qui beati (*Ill.*)   Gr. 281 (cf. Gr. 343)
    ut Spiritus Paraclitus   Gr. 321
Et nos clem. tuam suppl. exorare ut F. tuus   Gr. 339 (see G. 579, Gr. 278)
Et omnipotentiam tuam jugiter   Gr. 323
Et pietatem tuam
    indefessis precibus   Gr. 314
    supplici devotione deposcere ut jejunii   Gr. 302
    supplici devotione exposcere ut haec   Gr. 352
Et pro honore b. Laurentii   L. 396
Et redemptionis nostrae festa recolere   Gr. 315
Et sursum cordibus erectis divinum   Gr. 293 (see G. 495)
Et te
    auctorem et sanctificatorem jejunii   Gr. 317
    b. Caeciliae natalitia   Gr. 341
    creatorem omnium de praeteritis   Gr. 306 (see L. 417)
    devotis mentibus supplicare   Gr. 309
Et te in
    omni tempore collaudare   Gr. 296
    omnium mart. tuorum   Gr. 347
    s. mart. tuorum   Gr. 316

Et te in	
sanctorum tuorum meritis	Gr. 280 (cf. Gr. 338)
sanctorum tuorum virtute	Gr. 284 (cf. Gr. 348)
veneratione sacrarum virginum	Gr. 330
Et te incessanter precari ut qui te auctore	Gr. 334
Et te laudare mirabilem Deum	
in omnibus	Gr. 293 (see G. 502)
in sanctis tuis in quibus	Gr. 298
in sanctis tuis quos	Gr. 327
Et te supplici devotione exorare ut per	Gr. 309
Et te suppliciter	
exorare ut cum abstinentia	Gr. 304
exorare ut fidelibus	Gr. 313 (see G. 581)
exorare ut sic nos bonis tuis	Gr. 337
obsecrare ne nos ad illum	Gr. 278, Gr. 315
Et tibi	
debitam servitutem per ministerii	Gr. 287 (Gr. 328)
debitas laudes pio honore	Gr. 341
hanc immolationis hostiam	Gr. 298
sanctificare jejunia	Gr. 336
Et tuam	
clementiam vocibus supplicibus	Gr. 330
cum celebratione jejunii	Gr. 275, Gr. 303
immensam clem. supplici voce	Gr. 305
jugiter exorare clem.	Gr. 276 (see Gr. 304)
magnificentiam propensius	L. 394
misericordiam deprecari ut mentibus	Gr. 296
mis. exorare ut te annuente	Gr. 327
mis. totis nisibus exorare	Gr. 286, Gr. 327
omnipotentiam devotis precibus	Gr. 321
Et tuam suppliciter	
exorare clem. ut mentes	Gr. 304 (see Gr. 276)
exorare clem. ut quia magnum	Gr. 285
misericordiam implorare	Gr. 306
Et tui misericordiam muneris	Gr. 317
Exhibentes solemne jejun. quo b. Joannis B.	L. 323 (cf. Gr. 324)
Fulget enim vox illa piissima	L. 329
Glorificantes et de praeteritis	L. 417 (see Gr. 306)
Gloriosa Laurentii mart. pia certamina	G. 660
Hac festivitate laetantes qua dicatam	L. 389
Haec tibi nostra confessio	L. 320
Hoc praesertim die quo ipsum salutis	L. 469
Hodie quippe Dne. tuo munere celebratur	L. 463
Hodiernae festivitatis laetitiam recensentes	L. 407
Illuminator et redemptor animarum nostrarum	Gr. 302

Immensa sunt enim opera tua	L. 404
Implorantes tuae majestatis misericordiam	Gr. 352
In cujus	
adventu quum geminam	Gr. 355
resurrectione mirabili	L. 451
In die festivitatis hodiernae	
qua b. Joannes	L. 327 (see Gr. 279, Gr. 324)
qua b. Sixtus	L. 390 (see Gr. 328)
qua s. Caecilia	L. 456
quo b. ille Baptista	L. 324
In die solemnitatis hodiernae	
qua b. Laurentii	L. 398 (G. 660)
qua s. Stephanus	L. 387
quo humanam	L. 320
quo licet ineffabile	L. 473
In exultatione festivitatis hod. qua b. genetrix	L. 461
In festivitate praesenti qua b. Andreae	L. 465
In hac	
celebritate gaudentes qua sancti Spiritus	L. 406
die qua J. C.	L. 315 (see G. 589, Gr. 319)
praecipue die qua J. C.	G. 589 (see L. 315, Gr. 319)
In quo jejunantium fides	Gr. 301
Inter quaelibet enim mundi pericula	L. 356
Justa enim nobis exultatione	L. 314
Majestatem tuam	
cunctis sensibus deprecari	L. 427
devotis mentibus implorantes	L. 440
propensius implorantes	Gr. 276, Gr. 308
suppl. deprecantes ut expulsis	Gr. 278, Gr. 339
suppl. deprecantes ut opem	Gr. 325
suppl. deprecantes ut qui rei	Gr. 286
suppl. exorantes ne perire	L. 297
totis sensibus deprecantes	L. 371
Merito etenim Dne. de triumphis tuorum	L. 460
Misericordiae dator et totius bonitatis auctor	Gr. 276, Gr. 308
Misericordiam Dne. deprecantes ut nos	L. 443
Multoque magis in Archangelis	L. 408
Natalem diem s. mart. et sacerd. tui Sixti	L. 390
Nos clementiam tuam suppl. exorare ut F. tuus	G. 579 (see Gr. 278, Gr. 339)
Nos enim temporalibus flagellas	L. 336
Nos precari clementiam tuam	G. 574
Nos sursum cordibus erectis divinum	G. 495 (see Gr. 293)
Nos te suppliciter	
exorare ut fidelibus	G. 581 (see Gr. 313)
obsecrare ut J. C. Dni.	G. 578 (see Gr. 314)

Nos tibi
   in omnium sanctorum   Gr. 334
   semper et ubique gratias agere   G. 584

Orantes pietatem tuam ne dicant   L. 402

Pascunt enim tua sancta jejunia   L. 415
Per mediatorem Dei et hominum   Gr. 306
Per quem
   discipulis Spiritus sanctus   Gr. 320
   humani generis reconciliationem   Gr. 275, Gr. 303
   nobis indulgentia largitur   Gr. 310
   nobis regenerationis exortus   G. 618
   nos eruis a peccatis   L. 373
   pietatem tuam suppliciter   Gr. 321
   salus mundi per quem vita   G. 763 (Gr. 290) (Gr. 355)
   sanctum et benedictum   Gr. 340
   supplices exposcimus   Gr. 314 (see G. 578)
   te supplices deprecamur ut altare   G. 615 (Gr. 242)
Pietatem tuam votis omnibus expetentes   L. 358
Post illos enim laetitiae dies   L. 322 (G. 603) (see Gr. 323)
Praevenientes natalem diem b. Laurentii   L. 393
Pretiosam mortem s. Laurentii   L. 399
Pretiosis enim mortibus parvulorum   L. 476 (see Gr. 292)
Pro cujus
   amore gloriosi martyres   Gr. 325
   caritatis ardore   Gr. 349
Pro cujus nomine
   gloriosus (*Ille*) martyr   Gr. 282 (see Gr. 295)
   gloriosus Levita   Gr. 295 (see Gr. 282)
   poenarum mortisque   Gr. 297
Pro cujus nominis
   confessione b. martyres   Gr. 323
   veneranda confessione   Gr. 317
Propensius exorantes ut sicut infirmitati   L. 308
Prostrato corde poscentes ut quamvis tanta   L. 309
Pugnavit enim in b. martyribus tuis   L. 312

Quamvis enim
   sanctorum tuorum   L. 398
   semper in tui gaudeamus   L. 401
   tuorum merita   L. 329
Quem b. virgo pariter et mart.   Gr. 349
Quem in hac nocte inter sacras epulas   G. 558 (Gr. 312)
Quem Joannes praecessit nascendo   Gr. 346
Quem pro salute hominum nasciturum   Gr. 288 (Gr. 345)
Qui ab antiquis patribus   Gr. 344
Qui ad insinuandam   Gr. 305

INDEX OF EUCHARISTIC PREFACES. 7

Qui ad majorem triumphum	L. 311, L. 328
Qui aeternitate sacerdotii	Gr. 333
Qui apud illos laetitiae *for Quia post* (q. v.)	Gr. 323
Qui ascendens super omnes caelos	G. 599 (cf. Gr. 89—90, Gr. 91) (see L. 318)
Qui ascendit super omnes caelos	L. 318 (see G. 599)
Qui b. Augustinum conf. tuum	Gr. 279, Gr. 332
Qui caelestibus disciplinis ex omni	L. 365
Qui Christi tui b. passione	L. 421
Qui continuatis quadraginta diebus	Gr. 300
Qui corporali jejunio	Gr. 274, Gr. 288, Gr. 300
Qui cum unigenito F. tuo et s. Sp.	G. 606 (Gr. 285) (Gr. 321) (Gr. 381)
Qui curam nostri ea ratione	L. 361
Qui das escam omni carni	Gr. 300
Qui de virgine nasci dignatus	Gr. 316
Qui delinquentes perire non pateris	Gr. 275 (Gr. 303)
Qui dissimulatis humanae......sacerdotii	Gr. 191
Qui dissimulatis peccatis......nobis	Gr. 244
Qui dum	
b. Tiburtii	Gr. 329
confessores tuos etiam	L. 295 (see G. 720)
confessores tuos tanta	G. 720 (see L. 295)
libenter nostrae poenitudinis	Gr. 192
Qui Ecclesiae tuae	
filios sicut *erudire non cessas*	G. 587 (cf. Gr. 322) (see L. 367)
toto orbe propagandae	L. 403
Qui Ecclesiam tuam	
a diabolica simulatione	L. 364
et fovere beneficiis	L. 381
in Apostolica......firmasti	Gr. 318
in Apostolica......fundatam	L. 334, L. 336
in *Apostolicis* (*Apostolis* G.) tribuisti	G. 675 (Gr. 131—132) (cf. Gr. 281, Gr. 347) (see L. 464)
in tuis fidelibus	L. 332 (Gr. 335)
sempiterna pietate	L. 334, L. 340, G. 656 (cf. Gr. 331)
Qui es fons	
immarcescibilis lucis	Gr. 350
vitae origo luminis	Gr. 189 *n* (Gr. 351)
Qui es redemptor animarum sanctarum	Gr. 355
Qui est dies aeternus	Gr. 308
Qui facis mirabilia magna solus	L. 444
Qui famulos tuos	
ideo corporaliter	L. 440 (Gr. 290) (Gr. 354)
informare digneris	L. 356
Qui fideles tuos mutua faciens	L. 353
Qui foedera nuptiarum blando	G. 721 (Gr. 245)

Qui fragilitatem nostram non solum	Gr. 289, Gr. 354
Qui generi humano nascendo subvenit	Gr. 319
Qui genus humanum praevaricatione sua	Gr. 297
Qui glorificaris in tuorum confessione	Gr. 295
Qui humanis miseratus erroribus	G. 584
Qui humanum genus justa sinceraque	L. 383
Qui ideo	
differs vota poscentium	L. 364
malis praesentibus nos flagellas	Gr. 289 (Gr. 354)
nos imaginem tuam	L. 438
praesentium rerum prospera	L. 382
Qui illuminatione suae fidei	Gr. 307
Qui in	
alimentum corporis	Gr. 301
infirmitate virtutem	Gr. 341
montibus sanctis caelestis Hierus.	L. 341
Qui ineffabili sacramento jus	L. 335
Qui ineffabilibus modis hostes	L. 375
Qui innocens pro impiis voluit pati	Gr. 277 (cf. Gr. 311)
Qui inter	
errorum caligines mundanorum	L. 337
felicium martyrum palmas	Gr. 284
Qui jejunii	
observatione et eleemosynarum	Gr. 302
quadragesimalis observationem	Gr. 306
Qui jejuniis orationibus et eleemosynis	Gr. 276
Qui justo pioque moderamine	Gr. 336
Qui mutabilitatem nostram	L. 361
Qui non solum	
debitum mortis antiquae	L. 311, L. 327
ineffabilis in excelsis	L. 481
malis nostris bona	L. 400
martyrum sed etiam conf.	L. 295
nos s. tuorum conf.	L. 409
peccantibus nobis veniam	L. 377
peccata dimittis sed ipsos	L. 482 (cf. Gr. 346)
pro salute mundi	L. 348
Qui non tantum nos a carnalibus	L. 414
Qui nos	
admirandis virtutis tuae	Gr. 274
assiduis martyrum passionibus	Gr. 283, Gr. 342
b. martyrum palmas	L. 305
castigando sanas	L. 357 (cf. Gr. 330)
de donis bonorum temporalium	Gr. 332
Qui nos ideo	
collectis terrae fructibus	L. 420 (cf. Gr. 336)
frequentibus sanctorum	L. 347
temporalibus salubriter	L. 335, L. 339

INDEX OF EUCHARISTIC PREFACES.

Qui nos per	
mundi caligines	L. 301
Paschale mysterium	Gr. 314
Qui nos sanctorum	
Felicissimi et Agapiti	L. 393
mart. tribuis gloriosas	L. 304
tuorum et commemoratione	L. 453
Qui nos	
sic pietate pariter	L. 354
spiritalibus erudiens	L. 350
tanquam nutritius	L. 479
Qui nostras mentes expiando	L. 358
Qui ob animarum medelam jejunii	Gr. 275, Gr. 303 (Gr. 288)
Qui oblatione sui	
(*corporis* Gr.) remotis sacrificiis	G. 575 (Gr. 277)
corporis remotis sacrificiorum	Gr. 313
Qui peccantium non vis animas	Gr. 304
Qui peccato primi parentis	Gr. 293
Qui per	
b. Mariae Virginis partum	Gr. 315
cultum nominis tui	L. 466
ineffabilem potentiam	L. 450
passionem crucis	Gr. 318
Qui perficis in infirmitate virtutem	L. 457 (cf. Gr. 281)
Qui post	
illud ineffabiliter institutum	L. 319
resurrectionem saeculis	L. 314
resurrectionem suam	Gr. 85—86
Qui praecursorem F. tui tanto munere	Gr. 333
Qui praevidens quantis nostra civitas	L. 342
Qui profutura tuis et facienda	L. 379
Qui promissum Spiritum	Gr. 320
Qui propterea jure punis errantes	Gr. 338
Qui quum	
desidiosis et duris	L. 380
summa sis ratio	L. 441
ubique sis totus	G. 613
Qui rationabilem creaturam ne temporalibus	L. 412 (G. 517) (Gr. 299)|
Qui sacramentum Paschale consummans	G. 600 (cf. Gr. 319)
Qui saluti humanae subvenire	G. 588
Qui sanctificator et institutor es abstinentiae	Gr. 288 (cf. Gr. 346)
Qui s. mart. tuo Sixto	L. 390
Qui s. mart. tuorum pia certamina	Gr. 348
Qui s. Sixtum sedis Apostolicae	L. 391
Qui se ipsum tibi pro nobis	L. 304
Qui secundum promissionis	
suae incommutabilem	G. 577, Gr. 278, Gr. 314
tuae ineffabile	L. 330 (see L. 337)

Qui secundum promissionis tuae inviolabile	L. 337 (see L. 330)
Qui sempiterno consilio non desinis	L. 417
Qui sic	
hostis antiqui machinamenta	L. 296
nos tribuis solemne	Gr. 309
rationabilem non deseris	L. 351
tribuis Eccl. tuam sanctorum	L. 348 (Gr. 282, Gr. 333)
Qui sicut nos per Apostolum	L. 409
Qui singulis quibusque temporibus	L. 430
Qui Spiritus s. infusione replevit	Gr. 320
Qui subjectas tibi glorificas	Gr. 289 (Gr. 353)
Qui supplicationibus nostris misericordiam	Gr. 332
Qui tribuis ut tibi fideles tui quod te inspirante	G. 616
Qui tuo inenarrabili munere	Gr. 344
Qui ut ad id quod facta est	L. 317
Qui ut de hoste generis humani	
major pompa	L. 457
major victoria	Gr. 9
Qui ut	
hanc sedem regimen Ecclesiae	L. 341
in omni loco dominationis	L. 308
Qui vicit diabolum et mundum	Gr. 337
Quia competenter atque salubriter	Gr. 301
Quia dum beneficia tua largiris	L. 442
Quia Eccl. tuae filios sicut erudire	L. 367 (see G. 587, Gr. 322)
Quia Eccl. tuam in Apostolicis	L. 464 (see G. 675, Gr. 132 &c.)
Quia fragilitatem nostram miseratus	L. 368
Quia hodie s. Spiritus celebramus	G. 601
Quia in	
saeculorum saecula Dne. permanet	G. 624
s. tuorum semper es virtute	L. 399
te vivimus et movemur	Gr. 286
Quia licet	
in omnium sanctorum	L. 347 (Gr. 328)
nobis semper salutem	Gr. 327
Quia mira sunt opera justitiae	L. 328
Quia mirantibus Angelis	L. 314
Quia misericordiae tuae munere	Gr. 290
Quia non mundi reges et proceres	L. 333
Quia nostri salvatoris hodie lux vera	L. 473 (cf. Gr. 9)
Quia notam fecisti in populis misericordiam	Gr. 294
Quia pectora martyrum	L. 464
Quia per	
ea quae conspiciuntur	L. 478 (Gr. 299)
incarnati Verbi mysterium	Gr. 8, Gr. 10 (Gr. 273, Gr. 297)
[Quia post?] illos laetitiae dies	Gr. 323 (see L. 322, G. 603)

INDEX OF EUCHARISTIC PREFACES.

Quia quum	
nostra laude non egeas	L. 370 (Gr. 287, Gr. 335)
omne opus bonum	L. 367
totus mundus experiatur	L. 304
Unig. tuus in *substantia* (*ae* G.)	Gr. 16 (Gr. 294) (cf. G. 502)
Quia s. tuorum solemnia repetimus	L. 306
Quia sic tribuis Eccl. tuam s. Gregorii	Gr. 299
Quia te	
benedicunt et laudant	L. 300
sine cessatione praedicantibus	L. 372
Quia tu	
es gloriosus in s. tuis	L. 295, L. 300
es mirabilis in omnibus s. tuis	L. 346 (cf. Gr. 339)
in nostra semper faciens	Gr. 282, Gr. 331 (see L. 381)
quidem nobis jejunia	L. 410
semper in nostra perficiens	L. 381 (see Gr. 282, Gr. 331)
Quia tuae	
rationis imaginem	L. 419
virtutis esse cognoscimus	L. 330
Quia tui *est operis tuaeque virtutis*	G. 644 (see L. 335, and L. 340)
Quia vetustate destructa renovantur	G. 577
Quia vicissitudo nobis est hodie	L. 458
Quidquid enim s. tuorum meritis	L. 396
Quis enim aut possit aut audeat	L. 303
Quo pietatis officio pro solemnitate	L. 395
Quoniam a te	
conscientiam fides	Gr. 319 (see Gr. 283)
constantiam fides	Gr. 283 (see Gr. 319)
Quoniam adest nobis dies magnifici	Gr. 343
Quoniam b. Petrus et Paulus	L. 343
Quoniam fiducialiter laudis tibi	Gr. 332
Quoniam illa festa remanent	Gr. 323
Quoniam inter innumeras toto mundo	L. 389
Quoniam licet immensa sint omnia	L. 303
Quoniam magna sunt opera tua Dne.	L. 462
Quoniam magnificum nostrae commercium	L. 472
Quoniam mart. b. Sebastiani	Gr. 295
Quoniam martyrum b. pro confessione	L. 307 (L. 349)
Quoniam merito huic inter hominum	L. 325
Quoniam non solum nobis tu per J. C.	L. 385 (see L. 386)
Quoniam per s. Spiritus largitatem	L. 460
Quoniam plena sunt omnia saecula	L. 326
Quoniam quamvis humano generi mortis	Gr. 354
Quoniam quidquid Christianae professionis	L. 468
Quoniam salubri medicante jejunio	L. 480
Quoniam sicut humanum genus	L. 458
Quoniam sicut tua clementia	L. 360
Quoniam tanto jucunda sunt Dne.	G. 662, Gr. 331

INDEX OF EUCHARISTIC PREFACES.

Quoniam tu
    es gloriosus in sanctis   L. 306
    es omnium sanctorum   L. 394
    magnificaris in tuorum laude   L. 455
    nobis non solum   L. 386 (see L. 385)
    sanctis tuis et patientiam   L. 299
Quoniam tui operis tuaeque pietatis   L. 294, L. 300
Quoniam tuis donis atque muneribus   L. 395
Quoniam tuo dono actum est   Gr. 285
Quoniam vere magnum quod sine exemplo   L. 472

Redemptionis nostrae festa recolere   G. 580
Referentes gratiarum de praeteritis   G. 685
Referentes gratias et precantes   L. 441
Reverentiae tuae dicato jejunio   G. 675

Sacrificium quippe suum hodie   L. 403
S. mart. Euphemiae natalitia   L. 406
S. Clementis mart. tui natalitia   L. 459
S. Michaelis archangeli merita   Gr. 337
S. martyrum gloriam   L. 401
Semperque virtutes et laudes   Gr. 294
Simulque pro munere generali   L. 420 (L. 436)
Solemnitas enim Dne. caelestis   L. 471
Sub cujus potestatis arbitrio   Gr. 353
Supplicantes ut tibi nos placatus   L. 437
Suppliciter exorantes ut
    et securitatem   L. 449
    gregem tuum   L. 345 (cf. G. 656) (see Gr.
                                                     101, Gr. 102)
    omnis a nostro   L. 377
Suppliciter implorantes ut nostram   L. 434

Tantoque propensius agere quod pro   L. 376
Te Dne. suppl. exorare ut gregem   Gr. 101, Gr. 102 (see L. 345,
                                                     G. 656)
Te enim laudant et benedicunt   L. 298
Te in sanctorum tuorum confessionibus   L. 302
Te in tuorum
    apostolorum glorificantes   Gr. 281, Gr. 339
    glorificantes confessione   L. 306
    glorificantes honore   L. 402
Te laudare mirabilem Dnum. [? Deum] in omnibus   G. 502 (see Gr. 293)
Teque
    de tuis magnificare   L. 429
    in omni factura tua   L. 408
    in sanctorum tuorum confessionibus   Gr. 283 (Gr. 334)
    laudare mirabilem D. in sanctis   L. 331
    profusis gaudiis praedicare   L. 407

INDEX OF EUCHARISTIC PREFACES. 13

Teque
    profusius implorare ut quod   L. 433
    propensius exorare ut in me   L. 426
    suppl. exorare ut mentibus   L. 314
Te quidem
    in om. temp. sed in hac......collaudare   Gr. 312
    om. temp. sed in hac......praedicare   G. 572 (cf. Gr. 66) (cf. Gr. 67, Gr. 69, Gr. 72)
    om. temp. sed in hoc praecipue   G. 573 (cf. Gr. 277, Gr. 313)
Te suppl. exorantes ut sic nostra   Gr. 309
Te toto corde prostrati suppl. exorantes   Gr. 288, Gr. 353
Tibi enim
    Dne. festiva solemnitas agitur   L. 400 (see L. 293, Gr. 273)
    festa solemnitas agitur   Gr. 273 (see L. 293, L. 400)
    festiva solemnitas agitur   L. 293 (cf. L. 391) (see L. 400, Gr. 273)
Tibi etenim Dne. sacra festivitas agitur   L. 310
Tibi sanctificare jejunium   G. 605
Tu enim
    nobis hanc festivitatem   L. 385 (cf. L. 386)
    nos per evangelicae   L. 378
    tribuis Dne. ut praedicationis   L. 334 (see L. 332)
Tu es quippe mirabilis in s. tuis   L. 388
Tu etenim
    Dne. discernis populum   L. 309
    tribuis Dne. ut praedicationis   L. 332 (see L. 334)
Tu [? Ut] mentes nostras bonis operibus   G. 586
Tu nobis enim munera conferre   L. 380
Tuae etenim Dne. victoriae celebrantur   L. 384
Tuae laudis hostiam jugiter immolantes   L. 470 (G. 496)
Tuam misericordiam deprecantes ut mentibus   L. 397
Tuamque
    immensam clementiam devotis mentibus   Gr. 190 n (Gr. 351)
    in s. martyribus Corn. simul etiam Cypr.   L. 405 (see Gr. 280, Gr. 335)
    in s. tuorum Corn. simul et Cypr.   Gr. 280, Gr. 335 (see L. 405)
    misericordiam suppl. exorare ut jejuniorum   Gr. 305
Tuaque opera continuatis laudibus   L. 413
Tuas enim Dne. tuasque victorias   L. 293, L. 310
Tui enim
    muneris tuaeque virtutis   L. 344 (see L. 312)
    operis tuaeque virtutis   L. 312, L. 328 (see L. 344)
Tuum est enim omne quod vivimus   L. 411

Ut divinam jugiter gratiam   L. 439
Ut in die festivitatis hod. qua b. Joannes   Gr. 279 (see L. 327, Gr. 324)
Ut nos ab operariis iniquitatis   L. 442
Ut qui te auctore
    subsistimus te dispensante   L. 437

Ut qui te auctore
    sumus conditi te reparatore   L. 435
Ut quia
    in manu tua dies nostri   Gr. 243
    primum tuae pietatis   G. 586
    tui est operis si quod tibi   Gr. 317
Ut sensibus nostris dignanter infundas   L. 315
Ut tibi vovere contriti sacrificium   Gr. 326
Ut [? Tu] mentes nostris bonis operibus   G. 586

Venerabilium mart. praeconia   L. 313
Verum aeternumque pontificem   Gr. 325

INDEX OF SPECIAL CLAUSES IN THE CANON.

Benedic Domine et
    has fruges novas fabae   G. 588 (see Gr. 109)
    has tuas creaturas fontis mellis et lactis   L. 318 (see Gr. 505)
    hos fructus novos uvae   Gr. 109 (see G. 588)

Communicantes et diem Pentecosten   L. 318, G. 601 (see G. 599)
                                                            (see Gr. 90 *n*)

Communicantes et diem sacrat. celebrantes
    Ascensionis   L. 314
    in quo incontaminata   G. 496 (see Gr. 10) (see Gr. 8)
    quo beatae Mariae   Gr. 10 (see G. 496) (see Gr. 8)
    quo Dnus. noster......pro nobis traditur   Gr. 54 (see G. 553)
    quo Dnus. noster......unitam sibi   Gr. 86 (see L. 316, G. 588)
    quo Dnus. noster......unitum sibi   L. 316, G. 588 (see Gr. 86)
    quo Spiritus sanctus   Gr. 90 (Gr. 91)
    quo traditus est   G. 553 (see Gr. 54)
    quo Unigen. tuus in tua tecum   G. 503 (cf. Gr. 17)
    Resurrectionis   Gr. 67, Gr. 69 (see G. 572, Gr. 66)

Communicantes et diem sacratissimum
    Pentecosten celebrantes quo Apostoli   L. 321
    Pentecosten praevenientes   G. 599 (see G. 601, L. 318)
                                                            (see Gr. 90 *n*)
    praevenientes quo Spiritus   Gr. 90 *n* (see G. 599) (see G. 601, L. 318)

Communicantes et noctem sacrat. celebrantes
    qua beatae Mariae   Gr. 8 (see G. 496) (see Gr. 10)
    Resurrectionis   G. 572, Gr. 66 (see Gr. 67, Gr. 69)

Emitte *q*. Dne. Spiritum sanctum Paraclitum   G. 555 (Gr. 55)

Hanc etiam oblationem Dne. tibi virginum   L. 331
Hanc igitur obl. Dne. cunctae familiae   G. 553 (see G. 555, Gr. 55)

16   INDEX OF SPECIAL CLAUSES IN THE CANON.

Hanc ig. obl. Dne. famuli tui (*Ill.*) quam tibi
   ministerio   G. 731 (see Gr. 188)
   offert ob desiderium   G. 704
   offert [ob] diem natalis   G. 724
   offert ob justis eleemosynis   G. 719
   offert pro salute   G. 704
Hanc igitur obl. Dne. famulorum......
   quam tibi offerimus ob devotionem   G. 763 (see G. 720, Gr. 195)
   quam tibi offerunt ob devotionem   G. 720 (see G. 763, Gr. 195)
   quam tibi offerunt ob diem trigesimum   G. 722
Hanc igitur obl. Dne. quam tibi offerimus
   pro anima famuli tui (*Ill.*) cujus depositionis   G. 762
   pro anima famuli tui (*Ill.*) cujus hodie   Gr. 221
   pro peccatis   Gr. 200
Hanc igitur oblationem Dne. servitutis meae   G. 712
Hanc igitur oblationem Dne. ut propitius suscipias   G. 522
Hanc igitur oblationem famulae tuae (*Ill.*)
   quam tibi offerimus pro famula   L. 446
   quam tibi offerimus ob diem natalis   G. 633
   quam tibi offert ob diem natalis   G. 632
Hanc ig. obl. famularum tuarum (*Ill.* et *Ill.*)   G. 721
Hanc igitur obl. famuli tui
   et antistitis   G. 628
   (*Ill.*) quam tibi ministerio   Gr. 188 (see G. 731)
   (*Ill.*) quam tibi offerimus ob diem quo eum   G. 623
   (*Ill.*) quam tibi offert pro votis   G. 737
Hanc ig. obl. famuli vel famulae tuae (*Ill.*)
   quam tibi in hujus templi   G. 615
   quam tibi offerunt hanc dedicantes eccl.   G. 613
Hanc igitur obl. famulorum......
   quam tibi offerimus ob devotionem   Gr. 195 (see G. 720, G. 763)
   quam tibi offerunt annua recolentes   G. 580
   quam tibi offerunt ob diem in qua Dnus.   G. 555 (see G. 553, Gr. 55)
   quam tibi offerunt pro famula   Gr. 245
Hanc igitur obl. quaesumus Dne. placatus   L. 454
Hanc igitur obl. quam offero ego   G. 627
Hanc igitur obl. quam tibi in honore   G. 755
Hanc igitur obl. quam tibi offerimus
   Dne. pro anima   G. 755 (Gr. 219) (see G. 616)
   Dne. pro tuorum requie   G. 761 (Gr. 223)
   (*Ill.* et *Ill.*) famulorum   L. 434
   in hujus consecratione baptisterii   G. 618
   pro anima famuli tui   L. 451, L. 452 (see L. 453)
                                              (see L. 454) (see G. 616)
   pro commemoratione depositionis   Gr. 269
   pro famulis tuis quos ad Presb. vel Diac.   G. 517
   pro famulo tuo quem ad pontificalem   L. 421
   pro famulo tuo (*Ill.*) ut omnium   Gr. 193
   pro his quos ex aqua   L. 318 (see G. 572, Gr. 66–74,
                                              Gr. 90–91)

INDEX OF SPECIAL CLAUSES IN THE CANON.

Hanc igitur obl. quam tibi offero ego
    tuus famulus ac sacerdos   L. 426
    tuus famulus hodie   G. 624
Hanc ig. obl. quam tibi off. fam. tua (*Ill.*) pro anima   G. 757 (Gr. 220)
Hanc igitur oblationem quam tibi pro
    anima famuli tui (*Ill.*) abbatis   G. 754
    animabus famulorum   G. 760
    commemoratione animarum   G. 759 (Gr. 222)
    defunctis   G. 761
    depositione   G. 752
    requie animarum   Gr. 221 (see G. 758)
  * requie et anima   G. 758 (see Gr. 221)
    requie et animabus   G. 758 (see Gr. 221)
Hanc igitur obl. sancti patris nostri (*Ill.*) episc.   G. 628
Hanc igitur obl. servitutis n. quam tibi off.
    in die hodiernae solemnitatis   Gr. 244
    pro anima famuli tui (*Ill.*) episc.   G. 753
Hanc ig. obl. serv. n. sed et cunctae familiae tuae
    q. tibi off. etiam pro fam. ...quem ad episc.   Gr. 358, Gr. 442
    q. tibi off. ob diem in qua Dnus.   Gr. 55 (see G. 555) (see G. 553)
    q. tibi off. pro famula tua (*Ill.*)   G. 726
    q. tibi off. pro his quoque quos regenerare   G. 572, Gr. 66—74, Gr. 90—91 (see L. 318)

Hos Dne. fonte baptismatis innovandos   G. 522

Istis et omnibus Dne. in Christo quiescentibus   Gr. 270

Memento Dne. famulorum......qui electos   G. 522
Memento etiam Dne. famulorum tuorum (*Ill.*)   Gr. 270

Qua oblatione (*sic*) totius mecum gratulantis   L. 426
Qui hac die antequam traderetur   G. 554 (see Gr. 55)
Qui pridie quam pro nostra......id est hodie   Gr. 55 (see G. 554)

           * This clause has the title *Secreta*.

INDEX OF EPISCOPAL BENEDICTIONS AT MASS.

Accendat in vobis Dnus. vim sui amoris	Gr. 367
Agnoscat in vobis Dnus. proprium signum	Gr. 377 *n.*
B. martyris (*Ill.*) intercessione	Gr. 375
Benedicat tibi Dnus. custodiensque te	Gr. 380
Benedicat tibi Dnus. et custodiat te	Gr. 361 *n.*
Benedicat vobis Dnus.	
beatorum martyrum	Gr. 375
et custodiat vos	Gr. 377
qui beatae virgini (*Ill.*)	Gr. 376
Benedicat vobis omnipotens Deus	
cui et jejuniorum	Gr. 368
qui per unigen. Filii sui passionem	Gr. 368
qui per Unigen. sui Dni. nostri	Gr. 373
qui quadragenarium	Gr. 366
qui vos beati Petri	Gr. 373
Benedicat vos Dnus. et custodiat vos	Gr. 366 *n.*
Benedicat vos omnipotens Deus	
b. Joan. Bapt. intercessione	Gr. 372
cujus Unigenitus hodierna die	Gr. 371
hodierna interveniente	Gr. 369
ob cujus Paracliti	Gr. 371
qui vos gratuita	Gr. 370
vestramque ad supernam	Gr. 362
Concedat vobis o. D. munus suae benedictionis	Gr. 378
Descendat Dne. a sedibus tuis	Gr. 365 *n.*
Det vobis Dnus. munus suae benedictionis	Gr. 378
Deus cujus Unigenitus hod. die discipulis	Gr. 370
Deus lumen verum qui Unigenitum	Gr. 365
Deus majestatis immensae D. pietatis	Gr. 369 *n.*
Deus qui b. Stephanum	Gr. 363

INDEX OF EPISCOPAL BENEDICTIONS.

Deus qui
    de Eccl. suae intemerato   Gr. 369
    hodierna die discipulorum mentes   Gr. 372
    per b. Mariae virg. partum   Gr. 373
    per resurrectionem Unigeniti sui   Gr. 370
    praesentem diem   Gr. 372 n.
    tartara fregisti resurgens   Gr. 371 n.
Deus qui vos
    ad praesentium quadragesimalium   Gr. 367
    b. Joan. Bapt. concedit   Gr. 374
    in apostolicis   Gr. 375
Devotionem vestram Dnus. dignanter   Gr. 378
Dnus. Jesus Christus qui sacratissimo adventu   Gr. 373 n.

Inclinet Dnus. aurem suam   Gr. 377

Multiplicet in vobis Dnus. copiam   Gr. 378

Omnipotens Deus
    caelesti vos protectione   Gr. 378
    cujus Unigeniti adventum   Gr. 374
    cujus Unig. hod. die ne legem   Gr. 364
    devotionem nostram dignanter   Gr. 371
    dexterae suae perpetuo   Gr. 379
    dies vestros in sua pace   Gr. 380
    dignetur vobis per interc. b. Joan.   Gr. 363
    jejunii caeterarumq. virtutum   Gr. 366
    jejuniorum nostrorum victimas   Gr. 367
    pro cuj. Unig. veneranda infantia   Gr. 364
Omnipotens Deus qui
    incarnatione Unigeniti   Gr. 362
    Unigeniti sui passionem   Gr. 368
    Unigenitum suum hodierna die   Gr. 365
Omnipotens Deus
    sua vos clementia benedicat   Gr. 377
    universa a vobis adversa   Gr. 379
    vos placido vultu respiciat   Gr. 374
Omnipotens Dominus
    det vobis copiam benedictionis   Gr. 376
    intercedentibus sanctis virginibus   Gr. 376
Omnipotens sempiterne (*sic*) Deus qui nos   Gr. 488

Purificet o. D. vestrorum cordium arcana   Gr. 379

Respice o. D. de caelo plebemque   Gr. 362 n

Sanctorum confessorum suorum (*Ill.*) meritis   Gr. 376

INDEX OF COLLECTS

(including Secrets, Postcommunions, "Orationes super Populum" and prayers for special purposes).

A cunctis iniquitatibus nostris exue nos	Gr. 260
A domo tua q. Dne. spiritales nequitiae	G. 718 (cf. Gr. 208)
A plebe tua q. Dne. spiritales nequitiae	G. 617
Ab occultis nostris	
munda nos Dne.	L. 442
tua nos Dne. sancta	L. 443
Ab omni	
errore nos Dne. q. expient	L. 439
nos Dne. q. vetustate purgatos	L. 297 (Gr. 71)
reatu nos Dne. sancta quae tractamus	G. 733 (Gr. 205)
Ab omnibus nos defende q. Dne.	G. 703, Gr. 178
Ab omnibus nos q. Dne. peccatis	
propitiatus absolve et eos	L. 356
propitiatus absolve ut percepta	Gr. 247
Absolve Dne. animam famuli tui *Ill.*	Gr. 215, 270
Absolve Dne. quaesumus	
iniquitates nostras et ut tua	L. 353
nostrorum vincula peccatorum	Gr. 261 (see Gr. 31)
tuorum delicta populorum et quod	L. 419
Absolve q. Dne.	
nostrorum vincula peccatorum	Gr. 31 (see Gr. 261)
tuorum delicta populorum et a	Gr. 121
Accepta sit in conspectu tuo Dne.	
nostra devotio et ejus	Gr. 20, 81, 106, 110 (see L. 403)
nostra devotio ut eorum	L. 403 (see Gr. 20 &c.)
Accepta tibi sint Dne. quaesumus	
nostra jejunia	Gr. 136
nostri (*a* Gr.) dona jejunii	L. 414 (G. 524) (Gr. 122)
Accepta tibi sit Dne.	
nostrae devotionis oblatio	G. 509, 527
nostrae servitutis oblatio	L. 395
q. hodiernae festivitatis	G. 639 (cf. Gr. 7)
sacratae plebis oratio	L. 393, Gr. 115, 135 (G. 679) (Gr. 125)
Accepta tibi sit in conspectu tuo Dne.	G. 679

INDEX OF COLLECTS.   21

Accipe Dne. quaesumus
   nostrae servitutis officia ut suffragantibus   L. 405
   sacrificium singulare   L. 357
Accipe munera Dne.
   quae in beatae Mariae   G. 663
   quae in eorum tibi solemnitate   L. 392
Accipe q. Dne. hostias tua nobis dignatione   L. 461
Accipe q. Dne. munera
   dignanter oblata et b. Anastasiae   Gr. 9
   dignanter oblata et b. Laurentii   L. 396, Gr. 111
   populi tui pro mart. festivitate   L. 347
Accipe q. Dne. munus oblatum et dignanter   L. 321 (Gr. 93)
Actiones nostras q. Dne. et aspirando   Gr. 34 (Gr. 458)
Ad altaria Dne. veneranda   L. 419
Ad aures misericordiae tuae Dne.   L. 381
Ad defensionem fidelium Dne. q.   L. 405 (G. 679)
Ad gloriam Dne. tui nominis annua   L. 432 (G. 627)
Ad hostes nostros Dne. superandos   L. 419, G. 520
Ad humilitatis nostrae preces Dne. placatus   L. 347
Ad martyrum tuorum Dne. festa   L. 306 (G. 641)
Ad offerenda munera Dne. laeti   L. 323
Ad preces nostras *Dne. q.* propitiatus   L. 421 (cf. G. 623)
Ad te
   corda nostra Pater aeterne   L. 421, L. 436
   nos Dne. clamantes exaudi et aeris   G. 717, Gr. 208
Ad tua Dne. beneficia fideliter   L. 438
Adesto Deus noster famulis tuis   L. 294
Adesto Dne. D. noster ut per haec   G. 585, Gr. 163
Adesto Dne. famulis tuis
   et opem tuam largire   L. 413 (G. 520)
   et perpetuam benignitatem   Gr. 37
Adesto Dne. fidelibus tuis
   adesto supplicibus   L. 317
   et quibus supplicandi   G. 707, Gr. 257
   et quos caelestibus   L. 412 (G. 531)
   et tua sancta celebrantibus   L. 438
   nec eos ullis mentis   L. 339, 344
Adesto Domine
   invocationibus nostris et non sit   G. 708
   martyrum deprecatione sanctorum   L. 391, Gr. 126
   muneribus Innocentum festivitate   L. 477 (G. 499)
   plebi tuae et in tua   L. 381
Adesto Dne. populis
   qui sacra *donaria* (*mysteria* G)   L. 371 (G. 528, 729)
   tuis (*in* Gr.) tua protectione fidentibus   L. 322, Gr. 255
Adesto Dne. populo tuo
   cum sanctorum patrocinio   L. 311, 338, G. 677
   et b. Nicomedis   Gr. 120

INDEX OF COLLECTS.

Adesto Dne. populo tuo
   et concede misericordiam   L. 403
   et quem sanctorum   L. 394
Adesto Dne. precibus nostris
   et die noctuque   L. 374 (Gr. 259)
   quas in sancti confessoris   G. 659
   quas in sanctorum   L. 300
   ut adoptio   L. 320 (see L. 318)
Adesto Domine
   precibus populi tui adesto   Gr. 112
   propitius plebi tuae et temporali   G. 520
   propitius plebi tuae et ut eam   L. 383
Adesto Dne. quaesumus
   Ecclesiae tuae votis   L. 328
   nostrae redemptionis affectibus   G. 575, 576 (see G. 522)
   populo tuo et quem mysteriis   L. 320, Gr. 92 (G. 601)
   redemptionis effectibus ut quos   G. 522 (see G. 575, 576)
Adesto Dne. supplicationibus nostris
   et apostolicis   L. 359
   et beati Rufi intercessionibus   G. 664
   et famulos tuos assidua   G. 721
   et famulos tuos quos   G. 736
   et hanc domum   G. 737 (Gr. 227)
   et hanc famuli tui (*Ill.*)   Gr. 194
   et hanc oblationem famularum   G. 721
   et hanc oblationem famuli tui   G. 724
   et hanc oblationem quam   G. 762
   et hoc solemne jejunium   G. 507 (see L. 322)
   et institutis tuis   L. 446, G. 721
   et intercedente   G. 664
   et intercedentibus   L. 391
   et intercessione S. Laurentii   L. 396 (Gr. 110)
   et me qui etiam   G. 550, Gr. 210
   et nihil   G. 735 (see G. 700)
   et populum   G. 497
   et praesentis vota jejunii   G. 686
   et sperantes   Gr. 80 (see L. 358)
   et ut nos   L. 351
   et viam   G. 703 (Gr. 198)
   nec sit ab hoc   G. 504 (Gr. 209)
   quas in sanctorum   Gr. 119
   ut qui ex iniquitate   Gr. 130
   ut sicut humani   L. 313 (G. 589) (see Gr. 86)
Adesto Dne. supplicibus tuis
   et hoc solemne jejunium   L. 322 (see G. 507)
   et nihil   G. 700 (see G. 735)
   et spem suam   L. 418 (Gr. 254)
   et sperantes   L. 358 (see Gr. 80)

INDEX OF COLLECTS.

Adesto Dne. tuis adesto muneribus ut quod	G. 595
Adesto familiae tuae q. clemens	G. 667
Adesto misericors D. ut quod actum est	L. 421
Adesto nobis	
Dne. D. noster et quos tuis	L. 368, Gr. 48
misericors D. et tua circa nos	Gr. 260
misericors D et tuae pietatis	G. 700, Gr. 176
o. D. beatae Agnes (*sic*) festa	G. 639
o. et misericors D. et sacramenta	L. 364
q. Dne. et preces nostras	Gr. 176
Adesto plebi tuae misericors Deus	G. 669
Adesto quaesumus Dne.	
familiae tuae et dignanter	Gr. 74
fidelibus tuis ut quae sumpserunt	G. 666 (see L. 369)
plebi tuae ut quae sumpsit	L. 369 (see G. 666)
pro anima famuli tui *Ill.*	G. 762
pro animabus famulorum	G. 761
supplicationibus nostris et in tua	Gr. 30, 257
supplicationibus nostris ut esse	Gr. 34
supplicationibus nostris ut qui	Gr. 21
tuae adesto familiae	G. 582
Adesto q. omnipotens Deus	
ac jejunio corporali	G. 512
atque in cunctis actionibus	G. 685
Adesto supplicationibus nostris	
o. D. et quibus fiduciam	Gr. 35, 49 (251)
o. D. *et* (*ut*) quod humilitatis	Gr. 357 (438, 447)
ut sicut humani	Gr. 86 (see L. 313, G. 589
Adjuva Dne. fragilitatem plebis tuae	G. 682
Adjuva nos D. salutaris noster	
et ad beneficia	G. 504, Gr. 52
et in sacrificio	G. 530
et quibus supplicandi	L. 362
ut quae collata	G. 507
Adjuva nos Dne. D. noster beati	L. 453 (G. 754)
Adjuva nos Dne. q. eorum deprecatione	G. 499
Adjuva nos Dne. tuorum prece sanctorum	L. 311, 327
Adjuvent nos q. Dne. haec mysteria sancta	G. 639
Adjuvet Eccl. tuam tibi Dne. supplicando	Gr. 133 (see G. 676)
Adjuvet familiam tuam tibi Dne. supplicando	G. 676 (see Gr. 133)
Adjuvet nos q. Dne.	
s. Mariae gloriosa intercessio	G. 666
sanctum istud Paschale	G. 581
Adsint nobis Dne. patrocinia tibi grata sanctorum	L. 390 (398)
Adsit Domine	
fidelibus tuis sacrae benedictionis	G. 703
misericordia tua populo	L. 303
q. propitiatio tua	L. 313, Gr. 255

Adsit Eccl. tuae Dne. q. b. Ev. Joannes	G. 499
Adsit nobis Dne.	
q. sancta precatio	G. 638
q. sancti Laurentii Martyris	G. 661 (see L. 399)
q. virtus Spiritus sancti	L. 321 (G. 602)(Gr. 92)(Gr. 388)
sancti Laurentii Martyris	L. 399 (see G. 661)
Adveniat q. Dne. misericordia sperata	L. 379
Aeternae pignus vitae capientes	L. 339
Aeternam ac justissimam pietatem	G. 537 (Gr. 60, 155)
Afflictionem familiae tuae q. Dne.	Gr. 247
Altaribus tuis Dne.	
munera nostrae servitutis	L. 363
munera terrena	L. 303
Animae famuli tui q. Dne. per haec	L. 452
Animae nostrae q. o. D. hoc potiantur	G. 682
Animabus q. Dne. famulorum	G. 759, Gr. 222
Annua martyrum tuorum Dne. vota	L. 455 (G. 671)
Annue Dne. precibus nostris	
et tuis servitiis	L. 373
ut sicut de praeteritis	L. 326
Annue misericors Deus	
ut hostias placationis	Gr. 49
ut qui divina	L. 317 (Gr. 89)
Annue nobis Dne.	
ut anima famuli	Gr. 215, Gr. 270
ut animae famuli	Gr. 25 (Gr. 101) (Gr. 269)
Annue q. Dne.	
Deus noster ut per hoc	L. 352
precibus familiae tuae et quod	L. 396
precibus nostris ut quicumque	Gr. 186
precibus nostris ut s. Laurentii	L. 398
sacris martyribus tuis	L. 309
ut et tuis semper	L. 411
ut merita tibi placita	G. 645
ut sanctae martyris	G. 643
Annue q. omnipotens Deus	
ut sacramentorum	L. 379, G. 604
ut sicut eos quorum natalitia	L. 478
Apostolica nos muniat Dne. semper oratio	L. 305
Apostolica pro nobis interventio	L. 334
Apostolicae reverentiae culmen	G. 675
Apostolicis nos Dne. q. beatorum Petri et Pauli	G. 655
Apostolico Dne. q. beatorum Petri et Pauli	L. 344
Apostolorum Dne. beatorum Petri et Pauli	L. 342
Apostolorum tuorum precibus Dne.	L. 331, 344
Ascendant ad te Dne. preces nostrae	
et ab Ecclesia	Gr. 31, 261
et animam	G. 755, 756

INDEX OF COLLECTS. 25

Ascendant ad te Dne. preces nostrae et tuorum vota	L. 460
Aspice nos Dne. precibus exoratus venerandi	L. 307
Aspice q. Dne. quae oculis tuae majestatis offerimus	L. 349
Audi Dne. populum tuum	
tibi corde subjectum	L. 334
tota tibi mente subjectum	L. 336
Aufer a nobis	
Dne. q. iniq. (*omnes* Gr. 479) nostras ut ad sancta	L. 430, G. 505 (Gr. 241) (Gr. 479)
Dne. q. omnes iniq. nostras ut ad loca	Gr. 490
Dne. spiritum superbiae	Gr. 244
q. nostras Dne. pravitates	Gr. 262
Auge fidem tuam Dne. q. miseratus	L. 367 (G. 525)
Auge in nobis Dne. q. fidem tuam	G. 744, Gr. 235
Auge q. Dne. fidem populi tui	L. 398
Augeatur in nobis Dne. q. tuae virtutis	G. 698, Gr. 160
Aurem tuam q. Dne. precibus nostris	Gr. 135
Aures tuae pietatis q. Dne. precibus	Gr. 251
Auribus percipe q. Dne. verba	Gr. 235
Auxiliare Dne.	
famulis tuis et in tua	L. 362
fragilitati nostrae ut tuorum	L. 300
plebi tuae et toto tibi corde	L. 356
populo tuo ut sacrae	G. 671 (Gr. 255)
populo tuo ut sacris	G. 548
quaerentibus misericordiam	Gr. 204 *n*, 248
supplicibus tuis ut opem	L. 383
temporibus nostris ut tua nos	L. 359
Auxiliare nobis misericors D. et ut cunctos	L. 377
Auxilientur nos Dne. sumpta mysteria	G. 695 (Gr. 12) (Gr. 24) (Gr. 182)
Auxilium tuum Dne. nomini tuo subdita	L. 456
Auxilium tuum nobis Dne. q. placatus	Gr. 115
Averte Dne. q. a fidelibus tuis	G. 715 (Gr. 205)
Averte q. Dne. iram tuam	Gr. 250
Beatae Agathae martyris tuae Dne. precibus	Gr. 24
Beatae et gloriosae semperque virginis............nos	G. 643
Beatae et gloriosae semperque virginis......q. o. D.	G. 643
Beati Andreae apostoli tui Dne.	G. 675
Beati apostoli Andreae Dne. solemnia	L. 466
Beati Archangeli	
Michaelis interventione	L. 409 (G. 669)
tui Michaelis intercessione	Gr. 125
Beati Clementis	
Dne. natalitio fidelibus tuis munere	G. 673
sacerdotis et martyris tui	L. 460

INDEX OF COLLECTS.

Beati Evangelistae Joannis	
Dne. precibus	Gr. 13
nos Dne. q. merita	G. 499
q. Dne. supplicationibus	Gr. 13
Beati Joannis Baptistae nos Dne. praeclara	L. 325 (G. 649) (Gr. 98 (cf. G. 650)
Beati Laurenti	
martyris honorabilem	G. 662
martyris tui Dne. geminata	G. 659
nos faciat Dne. passio	G. 662
Beati martyris tui	
(*Ill.*) Dne. q. intercessione	G. 754
Laurentii Dne. q. intercessione	L. 453
Beati nos	
Dne. Baptistae Joannis oratio	G. 650
q. Dne. Juvenalis et confessio	G. 645
Beati Pancratii martyris tui	Gr. 84
Beati Petri principis apostolorum	Gr. 229
Beati Proti nos Dne. et Hyacinthi	Gr. 118
Beati Sixti Dne. tui sacerdotis	G. 658
Beati Tiburtii nos Dne. foveant	Gr. 112
Beatis martyribus supplicantibus	L. 328
Beatorum apostolorum Dne. q. intercessione	L. 338, 344 (G. 645)
Beatorum martyrum	
Dne. Saturnini et Crisanti	G. 674
Joannis et Pauli natalitia	G. 651
pariterque Pontificum	L. 405 (G. 668)
tuorum Joannis et Pauli nos	G. 651
tuorum nos Dne. precibus	L. 346
Beatorum Petri et Pauli honore	G. 652
Beatus Andreas pro nobis Dne.	G. 675
Beatus martyr Stephanus Dne.	G. 498
Benedic Dne.	
dona tua quae de tua largitate	G. 746, Gr. 229
[*hanc* G. 699] familiam tuam in caelestibus	G. 590 (G. 699)
hos fructus novos	G. 746 (Gr. 228) (cf. Gr. 506) (see G. 588, Gr. 109)
Benedic q. Dne. plebem tuam	L. 325
Benedicantur nobis Dne. tua dona	Gr. 229
Benedicat vos D. omni benedictione	G. 699
Benedicimus Dne. misericordias tuas	L. 308
Benedictio Dne. q. in tuos fideles	G. 530
Benedictio tua Dne.	
larga descendat	G. 644 (cf. Gr. 127)
super populum supplicantem	L. 471
Benedictionem Dne. nobis conferat salutarem	G. 584, Gr. 162
Benedictionem tuam Dne.	
populo supplicanti	L. 430

INDEX OF COLLECTS. 27

Benedictionem tuam Dne.	
populus fidelis accipiat	G. 715 (Gr. 205) (cf. Gr. 255)
Beneficiis tuis Dne. q. populus fidelis	L. 353
Bonorum D. operum institutor	G. 632
Bonorum omnium D. auctor	L. 456
Caelestem nobis praebeant haec mysteria	G. 695, Gr. 174
Caelesti lumine q. Dne. semper et ubique	G. 503, Gr. 78
Caelesti munere satiati [? q.] o. D. tua protectione	G. 663
Caelesti munere satiati (*saginati* G. 680) q. Dne. D.	L. 348, G. 658 (G. 637) (G. 652) (cf. G. 680)
Caelestia dona capientibus q. Dne.	L. 370, Gr. 390 (G. 527, Gr. 46)
Caelestibus Dne. pasti deliciis	G. 703 (Gr. 161)
Caelestibus Dne. q. praesidiis	L. 365
Caelestibus refecti sacramentis et gaudiis	L. 336 (Gr. 127)
Caelestis doni benedictione percepta	L. 327 (G. 548) (G. 708) (Gr. 29, 49)
Caelestis mensae q. Dne. sacrosancta	G. 670
Caelestis vitae munere vegetati	L. 382, G. 508
Caelestis vitae munus accipientes	G. 726
Celebratis Dne. quae pro Apostolorum	L. 334
Celeri nos q. Dne. pietate succurre	Gr. 261
Christianum q. Dne. respice plebem	G. 583
Clamantes ad te D. dignanter exaudi	Gr. 261
Clamantium ad te q. Dne. preces	Gr. 204 *n*, 248
Clemens o. et misericors D. duritiam	L. 316
Clementiam tuam Dne. suppl. exoramus	G. 580
Cognoscimus Dne. tuae circa nos	L. 479
Commendamus tibi Dne. animam	G. 751
Comprime Dne. q. os iniqua loquentium	L. 356
Concede credentibus misericors Deus	G. 548
Concede Dne. electis nostris	G. 529
Concede Dne. populo tuo veniam	L. 299
Concede misericors Deus	
et digne tuis servire	G. 503
fragilitati nostrae praesidium	Gr. 114
ut devotus tibi populus	G. 523 (G. 583)
ut quod Paschalibus	G. 581
ut sicut nos tribuis	G. 527
Concede nobis Dne. D. noster	
ut celebraturi Sanctorum	L. 380 (see G. 530)
ut et te tota mente	L. 353
ut haec hostia salutaris	Gr. 48 (see G. 692, 714, Gr. 172)
Concede nobis Dne. gratiam tuam	L. 394
Concede nobis Dne. praesidia militiae	L. 319, G. 600, 603, Gr. 28
Concede nobis Dne. quaesumus	
gratiam tuam	L. 361
ut celebraturi sacra	G. 530 (see L. 380)

INDEX OF COLLECTS.

Concede nobis Dne. quaesumus
    ut haec hostia   G. 692, G. 714, Gr. 172 (see Gr. 48)
    ut sacramenta   G. 495, Gr. 176 (cf. G. 639)
    ut sancta tua   L. 472
Concede nobis Dne. [q. Gr.] veniam   L. 367 (cf. Gr. 261)
Concede nobis haec q. Dne. frequentare   G. 518 (G. 689, Gr. 169)
Concede nobis misericors Deus
    et studia perversa   G. 733
    ut sicut nomine   G. 602
Concede nobis omnipotens Deus
    sanctae martyris Euphemiae   G. 643
    ut ab improbis   L. 427
    ut despectis falsitatibus   G. 733
    ut his muneribus   G. 649
    ut per annua   G. 508
    ut salutare tuum   Gr. 11, 17
Concede nos famulos tuos q. Dne. Deus   Gr. 388
Concede omnipotens Deus
    his salutaribus sacrificiis   Gr. 190
    ut et gaudiorum   L. 443
    ut Paschalis perfectio   G. 599
Concede q. Dne.
    apostolis tuis intervenire   G. 655 (see L. 340)
    beatos apostolos tuos intervenire   L. 340 (see G. 655)
Concede q. Dne. D. noster
    ut inter adversa   L. 349
    ut per tua semper   L. 392
    ut qui ad destructionem   L. 470
Concede q. Dne.
    fragilitati nostrae sufficientiam   G. 524 (see G. 503)
    morum nos correctione   L. 416
    populo tuo veniam   Gr. 258
    semper nos per haec   G. 577, Gr. 74
    ut ad preces tuas   L. 418
    ut oculis tuae majestatis   Gr. 52, Gr. 159 (see Gr. 123)
    ut percepti (*um* 559) novi sacramenti   G. 554 (559)
    ut sicut famulus tuus   G. 616
Concede q. omnipotens Deus
    ad eorum nos gaudia   Gr. 85
    et famulum tuum *Ill.*   Gr. 267
    fragilitati nostrae sufficientiam   G. 503 (see G. 524)
    hanc gratiam plebi tuae   G. 682
    ut ad meliorem vitam   Gr. 18
    ut anima famuli tui   G. 754
    ut Ecclesia tua et in suorum   G. 583
    ut festa Paschalia   Gr. 69
    ut hujus sacrificii munus   Gr. 42, 160

INDEX OF COLLECTS.

Concede q. omnipotens Deus	
ut intercessio nos	Gr. 182
ut magnae festivitatis	Gr. 138
ut nos Unigeniti tui nova	Gr. 10 (see G. 494)
ut oculis tuae majestatis	Gr. 123 (see Gr. 52, 159)
ut Paschalis perceptio	G. 573 (Gr. 70)
Concede q. o. D. ut	
sancta Dei genetrix	Gr. 386
sanctorum martyrum	G. 637
sicut apostolorum tuorum	G. 655
Unigeniti tui nova	G. 494 (see Gr. 10)
veterem cum suis rationibus	Gr. 77
viam tuam devota mente	L. 437, G. 689, Gr. 256
Concede q. o. D. ut qui	
b. Joannis Bapt.	Gr. 98
ex merito nostrae actionis	Gr. 43
festa Paschalia agimus	Gr. 62
festa Paschalia venerando	Gr. 74
hodierna die Unigenitum	Gr. 85
Paschalis festivitatis	Gr. 70
peccatorum nostrorum pondere	Gr. 69
protectionis	Gr. 41, 50
resurrectionis	Gr. 68
solemnitatem *dono* (*doni* ?)	Gr. 88, 152
(*quia* Gr. 137) sub peccati jugo	G. 684 (Gr. 137) (Gr. 137 *n*)
Conciliet nobis misericordiam tuam	L. 376
Concurrat Dne. q. populus tuus	G. 529
Conferat nobis Dne. s. Joannis utrumque	G. 665
Confirma Dne. q. tuorum corda	L. 438 (G. 706)
Conscientias nostras q. Dne. visitando	Gr. 138 (see G. 681)
Conscientias nostras q. o. D. quotidie	G. 681 (see Gr. 138)
Consecra q. Dne. quae de terrenis	L. 353
Consecuti gratiam muneris sacri	L. 296
Consequatur Dne. q. tuae benedictionis	L. 362
Conserva Dne. familiam tuam	G. 522
Conserva Dne. populum tuum	
et quem salutaribus	L. 301 (see Gr. 255)
et quem sanctorum	G. 676
Conserva Dne. quaesumus	
familiam tuam et benedictionum	L. 449 (see Gr. 256)
tuorum corda fidelium	Gr. 256
Conserva in nobis q. Dne. misericordiam tuam	G. 582
Conserva populum tuum Dne. (*D.* Gr.) et tuo	G. 703 (Gr. 161)
Conserva q. Dne.	
familiam tuam et benedictionum	Gr. 256 (see L. 449)
filiorum tuorum	L. 387
Conserva q. Dne. populum tuum	
et ab omnibus	Gr. 204 *n*, 247

INDEX OF COLLECTS.

Conserva q. Dne. populum tuum et quem salutaribus	Gr. 255 (see L. 301)
Conservent nos. q. Dne. munera tua	Gr. 179
Consolare Dne. hanc famulam tuam	G. 726 (cf. Gr. 454)
Conspirantes Dne. contra tuae plenitudinis	G. 734
Contere q. Dne. hostes populi tui	L. 357 (G. 728)
Converte nos D. salutaris noster	G. 686 (Gr. 30)
Converte nos Dne. tuae propitiationis	L. 370
Copiosa beneficia q. Dne. Christianus	G. 614
Cor populi tui q. Dne. converte	G. 734
Corda nostra q. Dne. venturae	G. 501

Cordibus nostris
    Dne. benignus infunde ut peccata — Gr. 50
    q. Dne. benignus infunde ut sicut — L. 480 (G. 509) (Gr. 39)

Corporis sacri et pretiosi sanguinis
    repleti libamine q. Dne. D. noster ut quod — L. 295, Gr. 105, 107, 130, 181
    repleti libamine q. Dne. D. noster ut gratiae — Gr. 243 (Gr. 244)

Corpus Dni. nostri Jesu Christi	Gr. 383
Creator populi tui D. atque reparator	L. 299
Crescat Dne. semper in nobis	G. 638 (G. 673)
Cum sanctorum tuorum Dne. supplicationibus	L. 396
Cuncta Dne. q. his muneribus	G. 495
Cunctas Dne. semper a nobis iniquitates	Gr. 260
Cunctis nos q. (om. Gr. 39) Dne. reatibus et periculis	G. 526 (Gr. 51) (Gr. 39)
Cunctorum bonorum institutor	Gr. 450
Custodi Dne. Ecclesiam tuam propitiatione	G. 692, Gr. 171
Custodi Dne. populum tuum et ut eidem	L. 383
Custodi nos Dne. q. in tuo servitio	G. 688
Custodi nos o. D. ut tua dextera	G. 693

Da auxilium Dne. q. majestati tuae	L. 300
Da Dne. famulo tuo (*Ill.*) sperata suffragia	Gr. 265

Da Ecclesiae tuae Dne.
    non superbe sapere — L. 353 (G. 706)
    q. sancto Vito intercedente — G. 647

Da famulis
    tuis D. indulgentiam peccatorum — G. 702
    (*et famulabus* G. 763, Gr. 196) tuis q. Dne. in tua fide — G. 720 (G. 763, Gr. 196)

Da misericors D. ut
    haec *nos* salutaris oblatio — Gr. 129 (Gr. 175)
    in resurrectione Dni. nostri — G. 582
    quod in tui Filii passione — G. 547

Da nobis Dne. D. noster
    sanctorum martyrum palmas — L. 462 (G. 642)
    ut et mundi cursus — L. 379 (see Gr. 166, Gr. 257)

INDEX OF COLLECTS. 31

Da nobis Dne.
    fidei tuae miseratus augmentum   L. 390
    non terrena sapere sed amare   L. 313
Da nobis Dne. quaesumus
    ambire quae recta sunt   L. 351 (see G. 735)
    ipsius recensita nativitate   G. 496 (see Gr. 7)
    in te tota mente confidere   L. 367
    observantiam legitima devotione   G. 524
    perseverantem in tua voluntate   Gr. 252 (see Gr. 47 *n*,
                                                                           Gr. 49)
    pluviam salutarem   G. 717, Gr. 207, Gr. 267
    regnum tuum justitiamque   G. 604
    unigeniti F. tui recensita nativ.   Gr. 7 (see G. 496)
    ut et mundi cursus   Gr. 166 (see L. 379, Gr. 257)
    ut in tua gratia veraciter confidentes   L. 435 (G. 687)
Da nobis Dne.
    rationabilem q. actionem   L. 412
    tuae pietatis effectum   L. 294
    ut anima[m] famuli et sacerdotis   Gr. 269
    ut nativitatis Dni. nostri   G. 495
    ut sicut publicani precibus   Gr. 265
Da nobis
    haec q. Dne. frequentata (*sic*) mysteria   L. 303
    mentem Dne. quae tibi sit placita   G. 603
    misericors D. ut sancta tua   Gr. 43
    observantiam Dne. legitimam   G. 512
Da nobis omnipotens Deus
    beati archangeli Michaelis   G. 669
    in sanctorum tuorum te semper   L. 393 (G. 679)
    remedia conditionis humanae   G. 554
    ut beati Hippolyti martyris   Gr. 112
    ut beati Laurentii martyris   L. 399
    ut eorum semper festa   L. 401
    ut sicut adoranda Filii tui natalitia   L. 471 (G. 493) (see Gr. 7)
Da nobis o. et mis. D. ut sanctorum   L. 307
Da nobis q. Dne
    ambire quae recta sunt   G. 735 (see L. 351)
    beati apostoli Thomae   G. 676
    de tribulatione laetitiam   G. 707 (cf. Gr. 248)
Da nobis q. Dne. D. noster
    beati apostoli tui Andreae   L. 464, Gr. 133
    in tua semper devotione   L. 360
    ut qui nativitatem   L. 468, Gr. 8, Gr. 158
Da nobis q. Dne.
    digne celebrare mysterium   Gr. 17
    imitari quod colimus   Gr. 12
    per gratiam *Spiritus sancti*   L. 319, G. 597, Gr. 150 (G.
                                                                      600) (Gr. 89)

Da nobis quaesumus Domine
   perseverantem in tua voluntate   Gr. 47 *n* (see 49, 252
   piae supplicationis effectum   G. 715
   sanctae regimen disciplinae   L. 430
   sanctorum martyrum passionibus   L. 348
   semper haec tibi vota deferre   L. 306
   tua digne tractare mysteria   L. 358
   ut cum martyrum solemnitate   L. 299
Da nobis q. omnipotens Deus
   aeternae promissionis gaudia   Gr. 30
   ut jejunando tua gratia   Gr. 123
   ut per gratiam tuam   L. 429
   ut sicut adoranda Filii tui natalitia   Gr. 7 (see L. 471, G. 493)
   vitiorum nostrorum flammas extinguere   Gr. 111
Da nobis q. o. et mis. D. et semp. Pater   L. 467
Da nostrae summae [?] conditionis reparator   G. 527
Da plebi tuae Dne. piae semper devotionis   G. 528, G. 732
Da populo tuo *Dne. q.* spiritum veritatis   L. 439 (cf. Gr. 256)
Da q. Dne. D. noster
   gratiae tuae donis   L. 382
   ut sicut b. Laurentii Mart.   Gr. 110
   ut sicut tuorum commemoratione   L. 330, Gr. 128, Gr. 180
Da quaesumus Domine
   electis nostris digne atque sapienter   G. 521
   familiae tuae cum suis pacem habere rectoribus   L. 426
   famulae tuae quam virginitatis honore   G. 631, Gr. 453, Gr. 454
Da q. Dne. fidelibus
   populis sanctorum tuorum   Gr. 126
   tuis et sine cessatione capere   G. 519, G. 547
   tuis hunc caritatis affectum   L. 384
   tuis in sacra semper actione   L. 371
   tuis jejuniis paschalibus   G. 507
Da quaesumus Domine
   hanc mentem populo tuo   G. 692
   lumen intelligentiae   L. 326
   nostrae affectus jejunii salutare (*sic*)   G. 509 (see L. 479, Gr. 38)
   nostris effectum jejuniis salutarem   L. 479, Gr. 38 (see G. 509)
   populis Christianis et quod (*quae* Gr.) frequentant   G. 510 (G. 517, Gr. 33)
Da q. Dne. populo tuo
   a diabolicis quibus renuntiavit   L. 301
   diabolica vitare contagia   G. 693 (Gr. 173) (Gr. 173 *n*)
   et mentem qua tibi devotus   G. 700
   inviolabilem fidei firmitatem   L. 470, Gr. 12
   salutem mentis et corporis   Gr. 38 (Gr. 48) (Gr. 253)
Da quaesumus Domine
   populum tuum ad te toto corde   L. 441
   rex aeterne cunctorum   G. 523

INDEX OF COLLECTS. 33

Da quaesumus Domine
   ut et fideles tui diligant   L. 434
   ut jejunando robore satiemur   L. 414
   ut tanti mysterii munus   G. 532, G. 629
Da q. Ecclesiae tuae mis. D. ut sancto Spiritu   L. 320, Gr. 93
Da q. mis. D. ut mysticis   G. 650
Da q. nobis o. D. jejuniorum   G. 510
Da quaesumus omnipotens Deus
   cunctae familiae tuae   G. 683
   illuc subsequi tuorum membra   L. 315 (G. 589)
   intra sanctae Ecclesiae uterum   Gr. 99
   sic nostram veniam promereri   G. 694
   ut abstinentiae (*sic*) nostrae restaurationis   G. 522
   ut b. (*Ill.*) confessoris   Gr. 180
   ut b. Laurentii martyris   G. 659
   ut b. Silvestri confessoris   Gr. 15
   ut Ecclesia tua suorum firmitate   Gr. 73
   ut haec famula tua N. quae pro spe   Gr. 454
   ut hujus oblationis effectus   L. 442
   ut in tua spe et caritate   G. 628
   ut mysteriorum virtute sanctorum   L. 440 (cf. G. 649)(see Gr. 177)
   ut mysteriorum virtute satiati (*sic*)   Gr. 177 (see L. 440, G. 649)
   ut quae divina sunt jugiter   G. 583 (Gr. 49)
   ut qui b. Anastasiae   Gr. 8
   ut qui b. Felix   G. 636?
   ut qui b. Marcelli   G. 637
   ut qui b. Priscae   Gr. 19
   ut qui b. Urbani   Gr. 87
   ut qui in tot adversis   Gr. 52
   ut qui infirmitatis nostrae   Gr. 46, Gr. 257
   ut qui nova incarnati   Gr. 8
   ut sacro nos purificante   Gr. 38
   ut s. Caeciliae   L. 458
   ut sicut per cuncta   L. 388
   ut toto tibi corde   L. 442
Da q. o. ut qui beatus Felix   G. 636
Da salutem Dne. (*q.* Gr.) populo tuo   L. 414 (cf. Gr. 254)
De multitudine misericordiae tuae Dne.   G. 506
Debitum humani corporis sepeliendi   Gr. 217
Debitum (*Dne.* G.) nostrae reddimus servitutis   L. 397 (G. 676)
Defende Dne. familiam tuam *et* (*ut* G.) toto tibi corde   L. 408 (cf. G. 524)
Defende q. Dne. plebem tuam in sola   L. 391
Defensio tua Dne. q. adsit humilibus   L. 416
Dele q. Dne. conscriptum peccati lege   G. 582 (see Gr. 77)
Delicias Dne. mirabiles mensae caelestis   G. 519
Delicta Dne. q. miseratus absolve   G. 716 (see Gr. 207)
Delicta fragilitatis nostrae Dne. q. miseratus   Gr. 207 (see G. 716)
Delicta nostra Dne. quibus adversa dominantur   G. 694, Gr. 261

W. I.   3

34 INDEX OF COLLECTS.

Depelle q. Dne. conscriptum peccati lege	Gr. 77 (see G. 582)
Deprecationem nostram *q. Dne. (q. o. D.* Gr. 250)	
benignus	Gr. 44, Gr. 95, Gr. 165 (see Gr. 250)
Descendat q. Dne. D. noster Spiritus sanctus	Gr. 241 (Gr. 487)
Deus a quo	
bona cuncta procedunt	G. 585, Gr. 163
et Judas reatus sui poenam	G. 559 (Gr. 54)
inspiratur humanis cordibus	L. 452
sancta desideria	G. 727 (cf. Gr. 203) (see G. 690)
speratur humani corporis omne	G. 757, Gr. 220
Deus apud quem	
mortuorum spiritus vivunt	G. 216
omnia morientia vivunt	G. 752
Deus auctor	
omnium justorum honorum	Gr. 189
pacis et amator	G. 727 (Gr. 203)
sincerae devotionis et pacis	L. 438
Deus caeli terraeque dominator	Gr. 260
Deus castitatis amator et continentiae	G. 632
Deus celsitudo humilium et fortitudo rectorum	G. 567 (Gr. 149)
Deus conditor mundi sub cujus arbitrio	G. 727, Gr. 203 *n.*
Deus confitentium te portio	L. 454
Deus consolator sacrarum magnifice dignitatum	L. 423
Deus cui	
cuncta obediunt creaturae	G. 645
[*qui* (Mur.)] in hodierna die Unigenitus tuus	G. 639
omne cor patet et omnis	Gr. 383
omnia vivunt et cui non pereunt	Gr. 214
proprium est misereri semper	Gr. 200, Gr. 248
soli cognitus est numerus	Gr. 386
soli competit medicinam	L. 452 (cf. G. 758)
Deus cujus	
adorandae potentiam (*sic*)	G. 605
antiqua miracula etiam nostris	G. 566, Gr. 148
antiqua miracula in presenti	Gr. 62
arbitrio omnium *saeculorum* (*caelorum* G. 623)	L. 431 (cf. G. 623) (cf. G. 711)
bonitatis nullus est numerus	G. 756
caritatis ardore Laurentius	G. 660 (Gr. 112)
dextera b. Petrum	G. 656 (cf. Gr. 104)
Filius in alta caelorum	G. 588 (Gr. 86)
hodierna die praeconia Innocentes	G. 499, Gr. 14
miseratione animae fidelium	G. 760 (Gr. 223)
misericordia caelestium	G. 713
misericordiae non est numerus	G. 753
mysteriis mundamur et pascimur	L. 319
nutibus vitae nostrae momenta	Gr. 212
occulto consilio	G. 725

INDEX OF COLLECTS. 35

Deus cujus	
providentia in sui dispositione	G. 688, Gr. 168
providentia omnis creatura adulta	Gr. 416 (see Gr. 266) (see G. 743)
providentiam creatura omnes crementes (*sic*)	G. 743 (see Gr. 266) (see Gr. 416)
regnum est omnium saeculorum	G. 728 (cf. Gr. 201)
regnum nulla saecula	G. 729
Spiritu creatura omnis incrementis	Gr. 266 (see G. 743) (see Gr. 416)
Spiritu totum corpus Ecclesiae	G. 599
tanta est excellentia pietatis	G. 713
Unigenitus in substantia	G. 502, Gr. 17
universae viae misericordia	L. 431
Deus de cujus gratiae rore descendit	G. 524
Deus dierum temporumque nostrorum	L. 431
Deus Ecclesiae tuae redemptor	G. 574
Deus errantes in via [*for* D. qui errantibus]	L. 301
Deus et reparator innocentiae et amator	Gr. 76 (see G. 578)
Deus et temporalis vitae auctor et aeternae	G. 730
Deus fidelium	
lumen animarum adesto	G. 761 (cf. Gr. 223 and *n*)
Pater summe qui *in* (*om.* Gr.) toto orbe	G. 566, Gr. 148
receptor animarum	G. 616
remunerator animarum	G. 637
Deus fons bonitatis et pietatis origo	Gr. 192
Deus generis institutor et reparator	L. 388
Deus gloriatio fidelium et vita justorum	G. 598, Gr. 151
Deus humanae salutis operator da nobis	G. 670
Deus humani generis	
benignissime conditor	G. 550 (cf. Gr. 210)
conditor et redemptor	Gr. 78 (see G. 609)
Deus humilium	
consolator et fidelium fortitudo	G. 710
visitator qui nos fraterna	G. 738 (cf. Gr. 198)
Deus illuminator omnium gentium	G. 502 (Gr. 17)
Deus in	
cujus manu corda sunt regum	G. 731 (Gr. 456)
cujus praecipuis mirabilibus est	G. 583
quo vivimus movemur et sumus	L. 448, G. 715, Gr. 207
te sperantium fortitudo adesto	G. 587, Gr. 164
te sperantium fortitudo conserva	G. 727 (Gr. 203 *n*)
te sperantium salus	G. 730
Deus incommutabilis virtus (*et* Gr. 88) lumen aeternum	G. 566, Gr. 147 (see Gr. 88)
Deus indulgentiae Pater qui severitatem	Gr. 451
Deus indulgentiarum Dne. da famulo tuo (*Ill.*)	G. 762
Deus inenarrabilis auctor mundi	Gr. 456
Deus infirmitatis humanae singulare praesidium	G. 736, Gr. 212

3—2

INDEX OF COLLECTS.

Deus infinitae misericordiae et	
bonitatis immensae	G. 709
majestatis immensae	G. 704 (Gr. 199)
Deus innocentiae restitutor et amator	
dirige ad te tuorum corda famulorum	G. 578 (see Gr. 76)
dirige ad te tuorum corda servorum	Gr. 37, Gr. 252
Deus inter Apostolicos sacerdotes [*for* D. *qui* inter]	G. 752 (see L. 454)
Deus justorum gloria misericordia peccatorum	G. 764
Deus largitor pacis et amator caritatis	G. 706
Deus misericordiae D. pietatis D. indulgentiae	Gr. 385
Deus misericors D. clemens	
cui cuncta bona	Gr. 451
qui indulgentiam	G. 552
qui secundum multitudinem	G. 552 (Gr. 213)
Deus misericors rex aeterne da servituti nostrae	L. 431
Deus mundi creator et rector ad humilitatis	L. 427 (G. 627)
Deus omnium fortitudo sanctorum	L. 389
Deus omnium misericordiarum ac totius	G. 528
Deus per cujus providentiam nec praeteritorum	G. 579
Deus per quem nobis et redemptio	G. 582 (Gr. 74)
Deus quem	
diligere et amare justitia est	G. 546
injustitia nostra incessanter offendit	L. 361
Deus qui absque ulla temporis mutatione	G. 617
Deus qui ad aeternam vitam	
in Christi resurrectione nos reparas, erige	Gr. 76
in Christi resurrectione nos reparas, imple	G. 581, Gr. 77
Deus qui ad	
animarum medelam jejunii	Gr. 94
caeleste regnum nonnisi renatis ex aqua	G. 577
caeleste regnum nonnisi renatis per aquam	G. 755 (Gr. 219)
celebrandam festivitatem utriusque Testamenti	Gr. 88
declaranda tua miracula	G. 587
deprecandum te conscientiae nostrae	L. 296
imaginem tuam conditis	G. 530
mutandam aeris qualitatem	G. 716
praedicandum aeterni regis [*regni* Gr. 459]	
evangelium	Gr. 188 (cf. Gr. 459)(see G. 731)
vitam ducis et confitentes (*sic*) in te	G. 704
Deus qui adesse non dedignaris	Gr. 449
Deus qui animae	
famuli tui Gregorii	Gr. 25
famuli tui Leonis	Gr. 101
Deus qui	
anxietate[m] sterilium	G. 725
apostolis tuis sanctum dedisti Spiritum	Gr. 91
apostolo Petro collatis clavibus	Gr. 103 (see G. 652)
apostolum tuum Petrum inter caeteros	Gr. 449

INDEX OF COLLECTS. 37

Deus qui
- b. Mariae Virginis partum — L. 469
- b. Virginis utero — Gr. 25
- b. Joannis Evangelistae praeconiis — G. 498
- b. Petri Apostoli dignitatem — L. 308
- b. apostolo tuo Petro collatis clavibus — G. 652 (see Gr. 103)
- b. Gregorium pontificem — Gr. 25
- b. Hermen martyrem tuum — Gr. 116
- b. Leonem pontificem — Gr. 100
- b. Petrum apostolum a vinculis — Gr. 107
- b. Sebastianum martyrem — Gr. 20
- bona cuncta et inchoas — L. 433
- bonis [? nobis] nati Salvatoris — G. 500
- bonis tuis infantum — L. 476 (cf. G. 499)
- caelestis regni nonnisi renatis — G. 756 (see G. 582, Gr. 78)
- caritatis dona per gratiam — Gr. 196
- confitentium tibi corda purificas — G. 551 (G. 553)

Deus qui conspicis
- ex nostra infirmitate — Gr. 126
- familiam tuam omni — Gr. 71
- omni nos virtute destitui — Gr. 35, Gr. 251
- quia ex nostra pravitate — Gr. 136 (see G. 684)
- quia ex nulla nostra *actione* (*virtute* 108, 128) — Gr. 27 (cf. Gr. 108, Gr. 128)
- quia in tua pietate confidimus — G. 684
- quia nos undique mala nostra — Gr. 83 (cf. Gr. 99)

Deus qui
- *conteris* (*conteres* G.) bella — G. 727, Gr. 201
- creationem conditionis humanae — L. 474

Deus qui credentes in te
- fonte baptismatis — Gr. 577 (Gr. 76)
- populos gratiae tuae largitate — G. 579, Gr. 77
- *populos* (*populis* G.) nullis — G. 727 (cf. Gr. 203)

Deus qui
- culpa offenderis poenitentia placaris — Gr. 28 (Gr. 249)
- culpas delinquentium districte — Gr. 80
- culpas nostras piis verberibus — Gr. 80
- de his terrae fructibus — G. 669
- de vivis et electis lapidibus — Gr. 187
- delinquentes perire non pateris — L. 410 (G. 511)
- diem discernis *a nocte* (*et noctem* L.) — L. 373 (G. 744, Gr. 259)
- dierum nostrorum numeros — L. 428 (cf. G. 628)
- digne tibi servientium — Gr. 243
- diligendo castigas — L. 440

Deus qui diligentibus te
- bona invisibilia praeparasti — G. 687, Gr. 167
- facis cuncta prodesse — G. 705
- misericordiam tuam semper — Gr. 198

Deus qui discipulis tuis Spiritum sanctum — G. 602

INDEX OF COLLECTS.

Deus qui
    diversitatem gentium in confessione   Gr. 72
    diversitatem omnium gentium   G. 567 (Gr. 149)
    divitias misericordiae tuae   G. 566, Gr. 147
    Ecclesiae tuae in sanctis montibus   L. 338
Deus qui Ecclesiam tuam
    annua quadragesimali   Gr. 30
    Apostoli tui Petri fide   Gr. 102
    in dilectione   L. 428
    innumeris sanctorum   L. 400
    novo semper foetu   G. 599, Gr. 70
    semper gentium vocatione   Gr. 62, Gr. 148
    sponsam vocare   Gr. 187
Deus qui
    emortuam vulvam Sarae   G. 725
    errantibus ut in viam possint redire   G. 584 (Gr. 162) (see L. 301)
Deus qui es
    omnium sanctorum tuorum splendor   G. 644 (see Gr. 133)
    sanctorum tuorum splendor mirabilis qui hunc   Gr. 133 (see G. 644)
    sanctorum tuorum splendor mirabilis quique   Gr. 107 *n.*
Deus qui
    et justis praemia meritorum   Gr. 45
    ex omni *coaptatione* (*coaptione* Gr.) sanctorum   G. 614 (Gr. 241, Gr. 482, Gr. 494)
    facturae tuae pio semper   G. 735 (Gr. 211)
    famulo tuo Ezechiae   Gr. 211, Gr. 265
    famulum tuum Isaac   G. 725
    famulum tuum (*Ill.*) sacerdotem   G. 753
    fideles tuos ad veram   L. 375
Deus qui fidelium
    devotione laetaris   G. 734
    mentes unius efficis voluntatis   G. 585, Gr. 163
    precibus flecteris et humilium   G. 717
Déus qui
    habitaculum tuum in corde pudico   G. 634 (Gr. 454)
    hanc sacratissimam noctem gloria   G. 571, Gr. 65
    hanc sacratissimam noctem veri   G. 493 (Gr. 7)
Deus qui hodierna die
    corda fidelium   Gr. 90
    per Unigenitum tuum aeternitatis   Gr. 67 (see G. 573)
    Unigenitum tuum gentibus   Gr. 16
    Verbum tuum beatae Virginis alvo   Gr. 26
Deus qui
    hodiernam diem Apostolorum   Gr. 102
    homini ad tuam imaginem   G. 719
    humanae fragilitati necessaria   G. 714
    humanae substantiae dignitatem   L. 467 (cf. G. 497) (cf. Gr. 11)
    humanam naturam   G. 576
    humanarum animarum   Gr. 215

INDEX OF COLLECTS.   39

Deus qui humani generis
  es et reparator et rector G. 580
  et salutis remedii (*sic*) G. 735 (see Gr. 211)
  fida societate laetaris L. 350
  ita es conditor ut sis G. 534, Gr. 153 *n*.
  utramque substantiam L. 417, G. 715
Deus qui humano generi
  ad imitandum G. 546
  et salutis remedium Gr. 211 (see G. 735)
Deus qui
  humanum genus a suo principe L. 473
  hunc diem b. Apostolorum Petri et Pauli L. 330, G. 653 (see L. 334, 342)
  illuminas noctem G. 745, Gr. 236
  illuminas omnem hominem Gr. 204 *n*.
Deus qui in
  Abrahae famuli tui opere Gr. 87, Gr. 151
  auxilium generis humani L. 409
  deserti regione multitudinem Gr. 43
  Filii tui humilitate jacentum mundum G. 583 (cf. Gr. 162)
  hodierna die Unigenitus (*sic*) G. 639
  omni loco dominationis tuae Gr. 481 (Gr. 492)
  omnibus Ecclesiae tuae filiis G. 567 (Gr. 149)
  praeclara salutiferae crucis G. 645
  sanctis habitas et pia corda non deseris, libera G. 687
  sanctis habitas et pia corda non deseris, suscipe G. 658
Deus qui
  ineffabilibus mundum Gr. 46
  infideles deseris G. 734
  inter apostolicos sacerdotes L. 454 (see G. 752)
  inter caetera potentiae tuae Gr. 23, Gr. 116, Gr. 181
  invisibiliter omnia contines Gr. 241 (Gr. 488)
  juste irasceris et clementer ignoscis Gr. 247 .
  justificas impium et non vis Gr. 193
  justis supplicantibus semper praesto es Gr. 217 (see G. 749)
  justis supplicationibus semper praesto es G. 749 (see Gr. 217)
  justitiam diligis et injusta L. 443
  justitiam tuam eligis G. 705
  laboribus hominum etiam de mutis G. 714, Gr. 204 (Gr. 268)
  legalium differentias (*m* Gr.) hostiarum G. 688 (Gr. 168)
  licet sis magnus in magnis......concede mihi Gr. 242
  licet sis magnus in magnis......da nobis L. 477, Gr. 14
  licet universum genus humanum L. 434
  ligandi solvendique licentiam G. 654
  loca nomini tuo dedicata G. 615
  loca nomini tuo *dicata* (*dicanda* Gr.) G. 609 (Gr. 477)
  magna nimis et de parvis L. 426
  mirabiliter creasti Gr. 61 (Gr. 147)

INDEX OF COLLECTS.

Deus qui
    miro ordine angelorum   Gr. 125
    miro ordine universa   Gr. 190
    misericordia tua praevenis   G. 605
    misericordiae januam   G. 585
    misericordiae tuae *praetendis* (*potentis* G.)   G. 727, Gr. 203 *n*.
    multiplicas Ecclesiam tuam   Gr. 75 (see G. 576)
    multiplicas sobolem renascentium   G. 576 (see Gr. 75)
    multitudinem gentium b. Pauli   G. 654 (Gr. 104)
    mundi creator et rector es   G. 660
    mundi crescentis exordio   G. 722
    mysteriorum tuorum dignanter   L. 383
    nativitatis tuae exordium   G. 497
    nec Ecclesiae tuae   L. 428
Deus qui nobis
    ad celebrandum Paschale   Gr. 73
    Apostolorum Petri et Pauli   G. 652
    in famulis tuis   G. 738
    nati Salvatoris   G. 500 ?
    per prophetarum ora   Gr. 87, Gr. 152
    per singulos annos   Gr. 186
Deus qui non
    despicis corde contritos   G. 605
    mortem sed poenitentiam   G. 712 (Gr. 269)
    propriis suffragantibus   G. 626
Deus qui nos ad
    celebrandum Paschale sacramentum   G. 567, Gr. 148 (Gr. 62)
    delicias spiritales   G. 746
    imaginem tuam sacramentis   G. 705
    sancti Pontificis et martyris   L. 392
Deus qui nos annua
    Apostolorum tuorum   Gr. 82 (Gr. 179)
    b. Agathae   Gr. 24
    b. Agnae   Gr. 22
    b. Caeciliae   Gr. 129
    b. Clementis   Gr. 129
    b. Cyriaci   Gr. 110
    b. Joannis Baptistae   Gr. 99
    b. Marcellini et Petri   Gr. 96
    s. tuorum Protasi et Gervasi   Gr. 97
Deus qui nos
    b. Mariae semper Virginis   Gr. 384
    b. Eusebii confessoris   Gr. 113
    b. Georgii martyris tui meritis   Gr. 79
    b. Joannis Baptistae concedis   Gr. 99
    b. martyris tui Caesarii   Gr. 126
    b. Nicomedis   Gr. 95
    b. Saturnini   Gr. 131

INDEX OF COLLECTS. 41

Deus qui nos
- b. Stephani mart. tui atque pontificis — Gr. 108
- b. Theodori martyris — Gr. 127
- concedis omnium sanctorum — Gr. 389
- concedis sanctorum martyrum tuorum — Gr. 109 (Gr. 180)
- conspicis in tot perturbationibus — Gr. 248
- de praesentibus adjumentis — G. 605
- et sanctorum martyrum — G. 678
- exultantibus animis — G. 578 (Gr. 76)
- fecisti hodierna die Paschalia — Gr. 78
- formam humilitatis — G. 524
- gloriosis remediis in terris — G. 511
- hodierna die exaltatione — G. 667
- idoneos non esse — L. 294
- in sanctorum martyrum multiplicatione — L. 400
- in tantis periculis constitutos — Gr. 33, Gr. 160
- per b. Apostolos ad cognitionem — G. 656
- per hujus sacrificii veneranda — G. 585 (G. 694) (Gr. 163) (Gr. 173)
- per Paschalia [? festa] laetificas — Gr. 72
- redemptionis nostra annua expectatione — G. 684 (Gr. 7)
- resurrectionis Dominicae — G. 573, Gr. 71
- sacramenti tui participatione — L. 471
- sacramentis tuis pascere — L. 428, G. 628

Deus qui nos sanctorum
- martyrum munitione — L. 393
- tuorum et solemnitate — L. 346
- tuorum (*Ill.*) confessionibus — Gr. 181
- tuorum Processi et Martiniani — Gr. 105 (see Gr. 181)

Deus qui
- nos Unigeniti tui clementer — L. 387, Gr. 12 (see Gr. 12 *n*)
- nostram conspicis semper — G. 685
- ob animarum medelam — G. 519
- offensionibus servorum — G. 709
- omne meritum vocatorum — G. 755
- omnes in Christo renatos — G. 576 (Gr. 76)
- omnipotentiam *tuam* (*om.* Gr.) parcendo — G. 690 (Gr. 169)
- omnium rerum tibi servientium — G. 717 (Gr. 208)
- opprobrium sterilitatis — G. 725
- Paschalia nobis remedia — G. 575
- peccantium animas non vis perire — Gr. 249
- peccati veteris hereditariam mortem — G. 559 (cf. Gr. 490)

Deus qui per
- beatae Mariae *sacrae* (*om.* Gr.) Virginis partum — G. 494 (Gr. 11)
- coaeternum Filium tuum — Gr. 451
- hujus celebritatis mysterium — G. 503
- ineffabilem observantiam sacramenti — G. 503
- os beati Apostoli tui Joannis — L. 474, G. 498 (Gr. 13)

INDEX OF COLLECTS.

Deus qui per
    Unigenitum tuum aeternitatis — G. 573 (see Gr. 67)
    Unigenitum tuum devicta morte — G. 582
    Verbum tuum humani generis — G. 519

Deus qui
    plenitudinem mandatorum — L. 374
    populis tuis indulgentia consulis — Gr. 243
    populo tuo plene praestitisti — G. 497
    populum tuum de hostis callidi — Gr. 70
    populum tuum sic corripis — L. 421
    post Baptismi sacramentum — G. 718
    praedicando aeterni regni — G. 731 (see Gr. 188 and Gr. 459)
    praesentem diem honorabilem — L. 326, G. 650 (Gr. 98)
    praevenis vota poscentium — L. 418
    primis temporibus impleta — G. 598 (Gr. 151)

Deus qui pro
    animarum expiatione — G. 686
    nobis Filium tuum crucis patibulum — Gr. 53
    nostrorum fructibus animorum — L. 415
    salute mundi sacrificium — G. 576 (Gr. 76)

Deus qui
    profundo consilio prospiciendo — G. 521
    propter Ecclesiae tuae gubernacula — L. 432
    prospicis quia ex nostra pravitate — G. 684 (see Gr. 136)
    providentia tua caelestia — G. 729 (Gr. 202)
    prudentem sinceramque concordiam — L. 351

Deus qui quum
    muneribus nullis indigeas — L. 368
    omnes creaturas — G. 706
    salutem hominum — G. 529

Deus qui
    regnis omnibus aeternis (*sic*) — G. 729
    remedia salutis humanae — L. 451

Deus qui renatis
    aqua et Spiritu sancto — Gr. 78 (see G. 582 and G. 756)
    baptismate mortem adimis — G. 578
    fonte baptismatis delictorum indulgentiam — G. 579
    per aquam et Spiritum sanctum — G. 582 (see G. 756 and Gr. 78)

Deus qui
    renuntiantibus saeculo mansionem — G. 742 (Gr. 197)
    restaurationem conditionis humanae — L. 471
    sacra legis omnia constituta — L. 361
    sacramento festivitatis hodiernae — G. 601 (cf. Gr. 88)

Deus qui sacrandorum tibi
    auctor es munerum effunde — G. 614 (Gr. 241) (Gr. 488)
    auctor es munerum ad sanctificationem — G. 613

Deus qui
    saeculorum omnium cursum — G. 724

INDEX OF COLLECTS. 43

Deus qui
- salutis aeternae b. Mariae virginitate — Gr. 15, Gr. 158 (see G. 663)
- sanctis tuis Abdon et Sennen — Gr. 106
- sanctis tuis dedisti piae confessionis — L. 464
- sanctorum tuorum dirigis gressus — G. 705
- scis genus humanum — Gr. 189
- sensus nostros terrenis — G. 583
- si velis reddere quod meremur — L. 316
- singulis quibusque competenter — L. 478
- solemnitate Paschali caelestia — G. 575 (see Gr. 68)
- solemnitate Paschali mundo — Gr. 68 (see G. 575)
- spe salutis aeternae — G. 663 (see Gr. 15, Gr. 158)
- sperantibus in te misereri — Gr. 47
- sub tuae majestatis arbitrio — G. 729
- subjectas tibi glorificas potestates — G. 730
- supplicum tuorum vota per caritatis officia — Gr. 196

Deus qui te
- praecipis a peccatoribus exorari — Gr. 191
- rectis ac sinceris manere pectoribus — G. 590 (see G. 669)
- sinceris asseris manere pectoribus — G. 669 (see G. 590)

Deus qui
- tenebras ignorantiae Verbi tui luce — G. 744, Gr. 235
- tribus pueris mitigasti flammas — G. 670 (G. 686, Gr. 34, Gr. 94, Gr. 123, Gr. 137)
- transtulisti patres nostros — Gr. 199
- tuorum corda fidelium per eleemosynam — G. 719
- unanimes nos in domo tua — G. 733
- Unigeniti tui Dni. nostri J. C. pretioso — Gr. 119
- universorum creator et conditor es — G. 750
- vastatoris antiqui perfidiam — L. 321
- vigilantes in laudibus tuis — Gr. 234
- virginalem aulam b. Mariae — Gr. 113
- vivorum es salvator omnium — Gr. 385

Deus refugium
- nostrum et virtus adesto — Gr. 175
- pauperum spes humilium — G. 708, Gr. 250, Gr. 389

Deus regnorum omnium
- et *Christiani* (*Romani* G.) maxime — G. 731 (cf. Gr. 187) (cf. Gr. 459)
- regumque dominator — G. 728, Gr. 201

Deus servientium tibi fortitudo — G. 729 (Gr. 202)
Deus spei luminis (*sic*) sincerum — G. 587

Deus sub cujus
- imperio nihil non verbo regitur — G. 741
- nutibus vitae nostrae momenta — G. 736
- oculis omne contrepidat (*sic*)......propitiare — G. 710
- oculis omne cor trepidat......respice — Gr. 390

Deus totius conditor creaturae — Gr. 75
Deus tuorum gloria sacerdotum — G. 659

INDEX OF COLLECTS.

Deus verae beatitudinis auctor	G. 705
Deus virtutum cujus est totum	G. 687 (cf. Gr. 167)
Deus vita	
credentium et origo virtutum	G. 617
fidelium gloria humilium	G. 586
fidelium timentium te salvator	G. 724
Deus vitae dator et humanorum	Gr. 215
Devotas Dne. humilitatis nostrae preces	G. 667
Devotionem populi tui Dne. q. benignus	Gr. 32 (*bis*)
Devotionem q. Dne. nostrae mentis	L. 381
Devotionis nostrae tibi Dne. q. hostia	L. 413 (G. 683, Gr. 135)
Dicata nomini tuo munera Dne. sanctorum	L. 311, L. 328
Dicatae tibi Dne. q. capiamus oblationis	L. 435
Dies nostros Dne. placatus intende et quos	L. 478
Dies nostros q. Dne. placatus intende pariterque	Gr. 253
Digne nos tuo nomini q. Dne. famulari	G. 575
Diri vulneris novitate perculsi	G. 747
Dirigat corda nostra Dne. q.	G. 693, Gr. 173
Dirige Dne. q. Ecclesiam tuam	L. 418
Discat Ecclesia tua D. infantum	G. 500
Disrumpe Dne. vincula peccatorum	Gr. 387
Diversis plebs tua Dne. gubernata	L. 479
Divina libantes mysteria	
q. Dne. ut eorum	Gr. 387
q. Dne. ut haec	Gr. 196
Divini *muneris largitate satiati*	L. 449 (G. 526) (Gr. 51) (cf. Gr. 115 and Gr. 117)
Domine adjutor noster et protector	Gr. 387
Domine Deus noster	
cujus est prima causa miserendi	L. 316
diurno labore fatigatos	L. 373
in cujus spiritalibus castris	G. 521
multiplica super nos gratiam	L. 347, G. 680
q. concede propitius ut Ecclesia tua	L. 376
Domine Deus noster qui	
in his potius creaturis	L. 415 (G. 525, Gr. 50) (G. 605)
offensione nostra non vinceris	G. 505 (Gr. 209)
salutaria et praevides	L. 376
Domine Deus noster	
tuis nos purifica	L. 391
verax promissor	G. 711
Domine Deus	
omnipotens sempiterne [? Pater] qui peccatorum	G. 764
Pater gloriae fons bonorum	L. 430, L. 431
Pater omnip. famulos tuae majestati	Gr. 382
preces nostras clementer exaudi ut quae	L. 423 (G. 515, Gr. 409)
Domine Deus qui	
ad hoc irasceris ut subvenias	G. 708

INDEX OF COLLECTS. 45

Domine Deus qui
    fragilitati nostrae quae congruant   L. 418
    in mysterio aquarum   Gr. 207 (Gr. 268)
    in regenerandis plebibus   G. 554
Domine Deus virtutum qui collapsa   G. 598, Gr. 152
Domine Jesu Christe
    Fili Dei vivi qui ex voluntate   Gr. 383
    qui es via   Gr. 451
    qui tegimen   Gr. 451
    qui tua ineffabili   Gr. 496
Domine sancte Pater omnipotens aeterne Deus
    da mihi corpus et sanguinem   Gr. 383
    da nobis gratiae tuae   L. 428, L. 431
    da servis tuis hunc caritatis   L. 375
    de abundantia misericordiarum   G. 699
    gratiae tuae in nobis dona   L. 428
    oblationes familiae tuae   L. 374
    qui benedictionis tuae gratiam   G. 736 (Gr. 212)
    qui dignaris infima   L. 427
    qui fragilitatem conditionis   G. 735 (Gr. 212)
    qui me nulla praeditum   L. 431
    respice super hunc famulum   G. 551
Domum tuam
    Domine q. propitiatus inhabita   L. 448
    q. Domine clementer ingredere   Gr. 241 (cf. Gr. 481)
Donis caelestibus cum sanctorum   L. 402
Donorum omnium D. auctor atque largitor   L. 386

Ecclesia tua Dne. caelesti gratia repleatur   L. 360 (G. 607)
Ecclesiae tuae Dne.
    dona propitius intuere   Gr. 16
    munera placatus assume   L. 478, G. 518 (G. 684)
    munera sanctifica [? et] concede   G. 686
    preces placatus admitte   G. 732 (Gr. 206) (see L. 352, Gr. 252)
    voces placatus admitte   L. 352 (Gr. 252) (see G. 732, Gr. 206)
Ecclesiae tuae q. Dne.
    preces et hostias apostolica   L. 337, Gr. 104 (see G. 652)
    preces et hostias beati Petri   G. 652 (see L. 337, Gr. 104)
Ecclesiae tuae q. o. D. placatus intende conventum   G. 713
Ecclesiam tuam Dne.
    benignus illumina   L. 434
    benignus illustra   L. 476 (cf. Gr. 13)
    miseratio continuata   G. 692, Gr. 172
    perpeti (*perpetua* G.) miseratione   L. 359 (G. 518) (see Gr. 205 *n*)
    q. perpetua miseratione   Gr. 205 *n* (see L. 359, G. 518)
Efficiatur haec hostia Dne. q. solemnibus   G. 520

INDEX OF COLLECTS.

Effunde q. Dne. Spiritum gratiae	L. 379
Ejus tibi precibus Dne. q. grata reddatur	G. 666
Emitte q. Dne. lucem tuam in cordibus nostris	G. 744 (Gr. 234)
Erectis sensibus et oculis cordis ad sublimia	G. 589
Eripe nos Dne. q. ab his quae divinae	L. 440
Erudi Dne. q. populum tuum spiritalibus	L. 347
Erudi q. Dne. plebem tuam et quae	Gr. 22
Erudiamur Dne. q. his celebritatibus	L. 466
Esto Dne. plebi tuae sanctificator	L. 343 (Gr. 103) (cf. G. 685)
Esto Dne. propitius plebi tuae	
et quam tibi facis	Gr. 33
et temporali	L. 482, G. 509
Esto nobis propitius D. et tua nos	Gr. 261
Esto propitius Dne. q. plebi tuae et suffragantibus	L. 299
Esto protector Dne. populi tui propitiatus	L. 465
Esto q. Dne. propitius plebi tuae	
ut de die	L. 382
ut quae tibi	G. 525 (Gr. 50)
Et natalitiis Sanctorum Dne. et sacramenti	L. 313, G. 677
Et quod officio vocis implere non potuit	L. 452
Et sacramentis tuis Dne. et gaudiis optatae	L. 389
Et sanctorum tuorum exultatione gaudentes	L. 348
Exaltatione nostrae conditionis [*al.* humanae substantiae] respice D.	L. 315
Exaudi D. orationem nostram et tua	L. 361
Exaudi Dne.	
D. noster cum sanctorum	L. 300
famulos tuos vespertina	Gr. 236
gemitum populi tui	Gr. 250 (see L. 364)
plebem tuam et quod non habent	L. 363
Exaudi Dne. populum	
tuum cum sancti Apostoli tui patrocinio	Gr. 133
tuum (*om.* G.) cum sanctorum tuorum	L. 294 (G. 677)
tuum tota tibi mente	Gr. 248
Exaudi Dne. preces nostras	
et celeri	L. 365
et confitentium tibi	G. 504 (see Gr. 209)
et intervenientibus	L. 345
et iter famuli tui	Gr. 198 (see G. 703)
et ne velis cum servis tuis	G. 713
et profectioni famuli tui	G. 703 (see Gr. 198)
et sanctorum martyrum	L. 298
et sanctorum tuorum	Gr. 121
et sicut profanas	L. 320
et tibi confitentium	Gr. 209 (see G. 504)
et ut tuis	L. 369
et ut digna sint	L. 312, L. 328 (cf. Gr. 23)
quas in sancti confessoris	G. 636

INDEX OF COLLECTS. 47

Exaudi Dne. preces nostras
    ut in omni natione — L. 411
    ut quod tui Verbi — G. 585
    ut redemptionis nostrae — L. 369, Gr. 73
Exaudi Dne. quaesumus
    gemitum populi tui — L. 364 (see Gr. 250)
    populum tuum de tua misericordia — G. 714
    preces nostras et interveniente — Gr. 125
    preces nostras ut populus tuus — L. 403
Exaudi Dne. supplicum preces
    et devoto tibi pectore — L. 412, G. 517
    et quas merita — L. 304
    ut quod nostro — L. 421 (G. 624)
Exaudi nos Deus Salutaris noster
    et Apostolorum — L. 339, Gr. 103 (cf. G. 655)
    et dies nostros — Gr. 258
    et intercedente — Gr. 269
    et super hos — L. 424 (G. 513), Gr. 412
    quia per haec — L. 313
    ut sicut beatae Luciae — Gr. 134
    ut sicut de sanctae Caeciliae — L. 459, G. 672
Exaudi nos Dne. clamantes ad te et
    quos — L. 308
Exaudi nos Dne. D. noster
    et a pravitatibus — L. 364
    et Ecclesiam tuam — L. 448 (cf. Gr. 262)
Exaudi nos Dne. sancte Pater o. aet. D.
    et humilitatis — G. 736
    qui per beatae — G. 642
    ut quod nostro — G. 723 (see L. 446, Gr. 244)
    ut si qua sunt — G. 737
Exaudi nos
    Dne. ut iter famuli tui (*Ill.*) — Gr. 267
    miserator et misericors D. et continentiae — G. 701, Gr. 177 (see Gr. 40)
Exaudi nos misericors Deus
    et da mentibus nostris — L. 313
    et mentibus nostris gratiae — Gr. 33, Gr. 259
Exaudi nos omnipotens Deus
    et familiae tuae corda — G. 582
    et famulos tuos quos fidei — G. 529, G. 530
Exaudi nos o. et misericors Deus
    et continentiae — Gr. 40 (see G. 701, Gr. 177)
    ut quod nostro — L. 446, Gr. 244 (see G. 723)
Exaudi nos o. s. D. et ne sine terminis — L. 373
Exaudi quaesumus Dne.
    gemitum populi supplicantis — Gr. 246
    supplicum preces et confitentium — Gr. 200, Gr. 247
Exaudiat vos Dnus. D. noster et pro sua — L. 376

INDEX OF COLLECTS.

Excita Dne.
    corda nostra ad praeparandas   Gr. 134 (see G. 681)
    in Ecclesia tua spiritum   L. 395 (cf. Gr. 111)
Excita Dne. potentiam tuam
    (*et veni* Gr.) et magna nobis virtute   G. 680 (cf. Gr. 137)
    et veni et quod   G. 680 (cf. Gr. 138)
    et veni ut tua propitiatione   G. 684
Excita Dne. q.
    corda nostra ad praeparandas   G. 681 (see Gr. 134)
    potentiam tuam et veni ut ab imminentibus   Gr. 133
    tuorum fidelium voluntates ut divini   Gr. 176, Gr. 253
Excita Dne. (*q.* Gr. *n.*) tuorum corda fidelium   G. 547, Gr. 254
Excita q. Dne. potentiam tuam et veni ut *ii*
    (*hi* Gr.)   G. 683 (Gr. 136)
Exercentes Dne. gloriosa commercia   L. 303
Exercitatio veneranda Dne. jejunii   G. 527
Exuberet q. Dne. mentibus nostris   G. 578
Exultamus Dne. multiplicata festivitate   L. 463
Exultamus pariter et de percepto   L. 456 (cf. G. 640)
Exultantes Dne. cum muneribus   L. 472
Exultemus q. Dne. D. noster omnes recti corde   G. 683
Exultet Dne.
    Christianae plebis humilitas   L. 407
    populus Christianus de magnorum   L. 299
Exultet plebs tua Dne. placitorum tibi   L. 330
Exultet *populus tuus Dne. q.* in sancti   L. 399 (cf. G. 665)
Exurgentes de cubilibus nostris   G. 744, Gr. 234

Fac me quaeso o. D. ita justitia indui   Gr. 191
Fac nos Dne. D. noster tuis obedire mandatis   Gr. 263 (see G. 693)
Fac nos Dne. quaesumus
    accepto pignore salutis   Gr. 38
    mala nostra toto corde respuere   G. 683 (cf. Gr. 261)
    prompta voluntate subjectos   G. 693
    sanctorum tuorum semper festa   G. 678 (see L. 392)
    tuis obedire mandatis   G. 693 (see Gr. 263)
Fac nos Dne. sanctorum tuorum specialiter   Gr. 480
Fac nos quaesumus Dne. D. noster
    in tua devotione   Gr. 257
    pervigiles   G. 681
Fac nos quaesumus Dne.
    his muneribus offerendis   G. 506 (cf. Gr. 28)
    quae sunt recta sectari   L. 441
    salutis nostrae causas   G. 506
    sanctorum tuorum semper festa   L. 392 (see G. 678)
Fac omnipotens Deus
    ut quae veraciter facta   G. 547

INDEX OF COLLECTS.

Fac omnipotens Deus	
ut qui Paschalibus remediis innovati	G. 582, Gr. 78
Fac quaesumus Dne.	
famulos tuos toto semper ad te	G. 719
hanc cum servo tuo defuncto	Gr. 214
Familia tua Deus et ad celebranda principia	G. 699
Familiae tuae Dne.	
preces miseratus intende	L. 358
quaesumus esto protector	Gr. 253
Familiam tuam Deus suavitas illa contingat	G. 667
Familiam tuam Dne.	
benignus illustra	L. 368
dextera tua perpetuo	L. 448 (cf. Gr. 256) (see Gr. 78)
perviligi protectione	G. 700
propitiata majestate	L. 442
propitius intuere et apostolicis	L. 337, Gr. 103
supplicantem oculis tuae miserationis	L. 346
Familiam tuam quaesumus Dne.	
caelesti protectione circumda	Gr. 257
continua pietate custodi ut a cunctis	Gr. 175
continua pietate custodi ut quae	Gr. 39 (Gr. 161)
dextera tua perpetuo	Gr. 78 (see L. 448, Gr. 256)
propitiatus illustra	G. 518, Gr. 35 *n*.
Famulis tuis	
Dne. caelestis gratiae munus	Gr. 118
quaesumus Dne. sperata concede	G. 721
Famulorum tuorum (*q*. Gr. 384) Dne. delictis ignosce	Gr. 114 (cf. Gr. 384)
Famulos et famulas	
Dne. caelesti visitatione	L. 380
Dne. q. intuere quibus	L. 366
tuas q. Dne. propitius intuere	L. 381
Famulos tuos q. Dne.	
benignus intende	G. 721
placatus intende pariterque	G. 720
tua semper gratia	G. 721
Famulum tuum q. Dne. tua semper protectione	Gr. 194
Festina ne tardaveris Dne. D. noster	G. 684
Festina q. Dne. ne tardaveris et auxilium	Gr. 135
Festina q. ne tardaveris Dne. et praesidium	L. 413, G. 682
Festinantes o. D. in occursum Filii tui	G. 684
Fiant Dne. tuo grata conspectui	L. 457 (cf. G. 640) (cf. G. 658)
Fiat Dne. q. hostia sacranda placabilis	L. 307 (G. 678)
Fiat *q. Dne.* per gratiam tuam fructuosus	G. 530 (Gr. 47) (see G. 604)
Fiat tua gratia Dne. fructuosus	G. 604 (see G. 530, Gr. 47)
Fidelem populum q. Dne. potentiae tuae muniat invicta defensio, sanctumque	L. 375

Fidelem populum q. Dne. potentiae tuae	
muniat invicta defensio, ut pio	G. 730
Fideles tui D. per tua dona firmentur	Gr. 26 (see G. 508)
Fideles tuos Dne.	
benedictio desiderata confirmet	L. 441, G. 587 (G. 511)
quaesumus corpore pariter	G. 700 (cf. Gr. 253)
Fideli populo Dne. misericordiam tuam	G. 604
Fidelibus tuis Dne. perpetua dona firmentur	G. 508 (see Gr. 26)
Fidelium Deus	
animarum conditor et redemptor	L. 453 (see G. 759, Gr. 222)
omnium conditor et redemptor	G. 759 (Gr. 222) (see L. 453)
Fidelium tuorum munera Dne. pro sanctorum	L. 462
Foveat nos Dne. s. mart. Euphemiae	G. 643
Fraterna nos Dne. martyrum tuorum corona	G. 679
Frequenti sacramentorum perceptione	L. 302
Gaudeat Dne. plebs fidelis et quum	Gr. 78
Gaudeat Dne. quaesumus	
plebs tua beneficiis	Gr. 252
populus tua semper benedictione	L. 429 (cf. Gr. 256)
Gloriam Dne. sanctorum Apostolorum	G. 656
Grata sint tibi Dne. munera q. devotionis	L. 388 (see G. 498)
Grata sit tibi Dne.	
haec oblatio famuli tui	Gr. 195
nostrae servitutis oblatio	G. 667
Grata tibi munera nostra sint Dne.	L. 302 (L. 310) (L. 337) (see G. 664)
Grata tibi sint Dne. munera	
nostra quae et tuis	G. 664 (see L. 302, L. 310, L. 337)
quaesumus devotionis	G. 498 (see L. 388)
quibus mysteria	G. 682
Grata tibi sint q. Dne. munera quibus s. Agnetis	G. 639
Grata tibi sit	
Dne. q. hodiernae festivitatis	L. 470
quaesumus Dne. tua plebis oblatio	L. 368
Grataliter ad munera dicanda	L. 406
Gratia tua nos q. Dne. non *relinquat* (*derelinquat* Gr.)	G. 520 (Gr. 37 *n*) (cf. Gr. 37)
Gratiae tuae q. Dne. supplicibus tuis	L. 293 (?) Gr. 251
Gratiam tuam	
Dne. mentibus nostris infunde	Gr. 26
nobis Dne. semper accumulet	L. 419
Gratias agimus Dne.	
multiplicatis circa nos	L. 388 (cf. G. 498)
sancte Pater o. aet. D. qui nos	G. 743 (see Gr. 234)
Gratias agimus *inenarrabiles* (*inenarrabili* Gr.)	G. 744 (Gr. 235)

INDEX OF COLLECTS. 51

Gratias tibi
   agemus (*agimus* Gr.) Dne. custoditi   G. 745 (Gr. 236)
   agimus Dne. s. Pater o. aet. D. qui nos   Gr. 234 (see G. 743)
Gratias tibi Dne.
   laudesque persolvimus   L. 369
   quoniam sanctum Laurentium   L. 397
Gratias tibi referat Dne. corde subjecto   G. 523 (G. 604)
Gratias tibi referimus Dne.
   qui nos a temporalibus   L. 380
   qui nos et caelestis   L. 401
   sacro munere vegetati   G. 617, G. 694 (Gr. 174)
Gregem tuum Pastor bone placatus intende
   et oves   L. 364, G. 699 (cf. G. 531,
                                                     G. 554)
   et per   L. 332, L. 336
Guberna Dne. quaesumus
   plebem tuam et tuis   Gr. 258
   tuam placatus Ecclesiam   L. 436
Guberna q. Dne. temporalibus adjumentis   L. 417, G. 715

Haec Dne. oratio salutaris famulum tuum (*Ill.*)   Gr. 188 (see *n*)
Haec Dne. salutaris sacrificii perceptio   Gr. 190
Haec hostia Dne. placationis et laudis
   quaesumus ut interveniente   Gr. 129
   tua nos propitiatione   Gr. 35
Haec hostia Dne. quaesumus
   emundet [*mundet* Gr. 39] nostra delicta   Gr. 27, Gr. 87 (Gr. 39) (Gr.
                                                  44, Gr. 122, Gr. 160, Gr.
                                                  358)
   et ab occultis Ecclesiam   G. 710
   et vincula nostrae iniquitatis   G. 671 (see Gr. 47, Gr. 81)
   solemniter immolanda   G. 678
Haec hostia q. Dne. quam in
   omnium sanctorum veneratione   Gr. 389 (see Gr. 107)
   sanctorum tuorum natalitiis   Gr. 107 (see Gr. 19, Gr. 79,
                                                  Gr. 96) (see Gr. 389)

Haec in nobis sacrificia Dne. et actione   Gr. 38
Haec munera
   Dne. q. et vincula   Gr. 47 (Gr. 81) (see G. 671)
   q. Dne. quae oculis tuae majestatis   G. 694, Gr. 174
Haec nos
   beata mysteria D. principia sua   G. 523
   communio (*Dne.* Gr.) purget a crimine   L. 450 (Gr. 15, Gr. 35, Gr.
                                               165, Gr. 358) (Gr. 95) (cf.
                                               Gr. 97) (cf. Gr. 108)

   Dne. gratia tua q. semper exerceat   G. 673
   oblatio D. mundet (*q.* Gr.) et renovet   G. 703 (Gr. 161)

4—2

INDEX OF COLLECTS.

Haec nos	
quaesumus Dne. participatio sacramenti	Gr. 46
Haec oblatio Dne. D. cordis nostri maculas	Gr. 383
Haec quae nos reparent q. Dne. beata	G. 511
Haec sacra nos Dne. potenti virtute	Gr. 134 (see G. 528, Gr. 52)
Haec sacrificia nos o. D. potenti virtute	G. 528, Gr. 52 (see Gr. 134)
*Hanc etiam oblationem Dne. tibi virginum	L. 331
Hanc igitur (*sic*) oblationem Dne. D. quam majestati	Gr. 388
Has tibi Dne. offerimus oblationes pro salute	Gr. 203 *n*.
His Dne. sacrificiis q. concede placatus	G. 706 (see Gr. 38)
His nobis Dne. mysteriis conferat[*ur* Gr.]	G. 584, Gr. 162
His quaesumus Dne.	
placatus intende muneribus	G. 760, Gr. 222
sacrificiis quibus purgationem	L. 452
His sacrificiis Dne. concede placatus	Gr. 38 (see G. 706)
His sacrificiis q. o. D. purgata anima	Gr. 270
Hoc nobis tuum q. Dne. sacramentum	L. 450
Hodiernae solemnitatis effectu	L. 477
Hodiernum Dne. sacrificium laetantes	G. 638
Honor martyrum beatorum deferre	L. 329
*Hos Dne. fonte baptismatis renovandos	G. 522
Hos *quos reficis Dne.* sacramentis	G. 517 (G. 525)
Hostia (*haec*) *Dne. q.* quam in sanctorum tuorum	Gr. 19 (Gr. 79, Gr. 96) (see Gr. 107) (see Gr. 389)
Hostiam nostram q. Dne. s. Laurentii	L. 301
Hostias altaribus tuis Dne. placationis	L. 329 (G. 651)
Hostias Dne. famulorum tuorum placatus intende	G. 720 (Gr. 197)
Hostias Dne. quaesumus	
placatus assume quas et pro renatorum	G. 575 (see Gr. 73)
quas immolamus placatus assume	G. 732
Hostias Dne. quas	
nomini tuo sacrandas offerimus	L. 344, Gr. 102
tibi offerimus propitius respice et per haec	Gr. 36, Gr. 389
tibi offerimus propitius suscipe et intercedente	Gr. 21 (cf. Gr. 110)
Hostias Dne.	
suppliciter immolamus in sanctis	L. 388
suscipe placatus oblatas	L. 365 (see Gr. 177)
tuae plebis intende et quas	L. 295 (Gr. 117)
Hostias nostras	
Dne. tibi dicatas placatus assume	G. 587 (Gr. 164)
quaesumus Dne. s. pontifex Juvenalis	G. 645
Hostias populi tui	
Dne. propitius intuere ut quod	L. 341
quaesumus Dne. miseratus intende	L. 320

* This is probably not a collect but a clause for introduction in the Canon.

Hostias quaesumus Dne.	
nostrae devotionis assume	L. 352
placatus assume quas et pro renatorum	Gr. 73 (see G. 575)
propitius intende quas sacris altaribus	G. 691 (cf. Gr. 171)
quas tibi pro animabus	G. 759 (Gr. 222)
suscipe placatus oblatas	Gr. 177 (see L. 365)
Hostias tibi Dne.	
b. Caesarii martyris	Gr. 127
b. Fabiani martyris	Gr. 20
b. Felicis confessoris	Gr. 18
b. mart. Gordiani atque Epimachi	Gr. 84
b. Sabinae martyris	Gr. 116
deferimus immolandas	L. 360 (Gr. 48) (cf. Gr. 48 *n*)
humili *supplicatione* (*placatione* G. Gr.) deferimus	L. 451 (cf. G. 758) (cf. Gr. 221)
laudis exsolvo suppliciter implorans	Gr. 243
laudis offerimus qui nos	L. 380
laudis offerimus suppliciter deprecantes	L. 407, Gr. 125, Gr. 386
placationis offerimus (*hum. depr.* Gr. 200 *n*)	
ut et delicta	G. 711, Gr. 32, Gr. 161, Gr. 200 (Gr. 200 *n*)
pro commemoratione S. Felicis	G. 636
pro martyrum tuorum commemoratione	L. 455
pro martyrum tuorum coronatorum	G. 672
pro nati tui Filii apparitione	G. 502
pro s. martyrum Simplici, Faustini et Viatricis	G. 657
sanctorum martyrum tuorum Joannis et Pauli	Gr. 100 *n*.
sanctorum tuorum dicatas meritis	L. 305
Hostias tibi sanctorum martyrum	Gr. 100
Hostium nostrorum q. Dne. elide superbiam	G. 728, Gr. 202
Hujus Dne. perceptio sacramenti peccatorum	Gr. 193
Hujus Dne. q. virtute mysterii	
et a nostris	G. 728, Gr. 202
et a propriis	Gr. 193 (Gr. 195)
Hujus Dne. sacramenti semper novitas	Gr. 9 *n*.
Hujus mihi Dne. sacramenti perceptio	Gr. 192
Hujus nobis	
Dne. q. sacrificii placatione	L. 442
parsimoniae q. Dne. praebe	L. 480 (G. 510) (G. 685)
Hujus nos Dne.	
perceptio sacramenti mundet	Gr. 42, Gr. 44
sacramenti semper natalis	G. 493 (see Gr. 9)
sacramenti semper novitas	Gr. 9 (see G. 493)
Hujus operatio nos Dne. sacramenti	G. 713
Hujus sacrificii potentia Dne. q. et vetustatem	G. 554
Hujus te Dne.	
muneris oblatione	G. 670

Illo nos igne q. Dne. Spiritus sanctus	Gr. 94
Illumina quaesumus Dne.	
in te corda credentium	Gr. 258
populum tuum et splendore	G. 502 (cf. Gr. 18)
tenebras nostras	G. 745 (Gr. 258)
Immortalitatis alimoniam consecuti q. Dne.	G. 578 (Gr. 175)
Impetret q. Dne. fidelibus tuis auxilium	L. 296
Impleatur in nobis q. Dne. sacramenti	G. 575
Imploramus Dne. clementiam tuam ut haec	G. 519 (Gr. 135)
Implorantes Dne. misericordiam fideles	G. 521
In honorem b. archangeli Michaelis	L. 409
In mentibus nostris Dne. verae fidei	Gr. 26
In s. martyrae (*sic*) tuae Julianae	G. 641
In sanctorum tuorum passionibus	L. 463
In tuo conspectu Dne. q. talia	G. 702 (Gr. 178)
In tuorum Dne. pretiosa morte justorum	G. 668, Gr. 41
Inchoata jejunia	
Dne. q. benigno favore prosequere et sicut	G. 670 (see Gr. 42)
q. Dne. ben. fav. prosequere ut observantiam	G. 506 (Gr. 29)
Inclina *q.* (*om.* Gr.) Dne. aures tuas (*m.* Gr.)	G. 761 (cf. Gr. 215, Gr. 270)
Inclinantes *se* (*te* Gr.) Dne. majestati	L. 359 (Gr. 28)
Indignos (*nos* Gr.) q. Dne. famulos tuos	G. 683 (Gr. 137)
Indulgentiam nobis Dne.	
beat*ae* Agath*ae* (*b. Agatha* Gr.)	G. 640 (cf. Gr. 24)
beata (*Ill.*) martyr	Gr. 181
tribue peccatorum	L. 449
Indulgentiam nobis praebeant haec munera	G. 676
Ineffabilem misericordiam tuam Dne. nobis	G. 706, Gr. 204
Infirmitatem nostram	
quaesumus Dne. propitius	Gr. 119
respice o. D. et quia	Gr. 20 (cf. Gr. 106)
Ingredientes Dne. in hoc tabernaculum	G. 743
Intende Dne.	
munera q. altaribus tuis	G. 642 (see L. 461)
quaesumus supplices tuos	L. 365, Gr. 262
Intende munera Dne. q. altaribus tuis	L. 461 (see G. 642)
Intende precamur altissime vota	L. 345
Intende quaesumus Dne.	
hostias familiae tuae	G. 504 (G. 547)
preces nostras *et* (*ut* Gr. 249) qui non	Gr. 204 *n* (Gr. 249)
sacrificium singulare	L. 411
Inter innumera Dne. pietatis tuae	L. 301
Inter nostrae redemptionis miranda beneficia	L. 387
Intercedentibus sanctis tuis Dne. plebi	G. 647
Intercessio b. Laurentii martyris	L. 398
Intercessio nos q. Dne. s. Felicitatis	G. 673
Intercessio q. Dne.	
pontificis et martyris tui Fabiani	G. 638

INDEX OF COLLECTS. 55

Intercessio q. Dne.	
s. Ruffi munera nostra	G. 664
Intercessio s. Clementis sacerdotis et martyris	L. 460
Inveniant q. Dne. animae famulorum	G. 758 (Gr. 221)
Ipsa majestati tuae Dne. fideles populos	G. 546
Ipse tibi q. Dne. sancte Pater o. aet. D. sacrificium	Gr. 54
Ipsi nobis Dne. q. postulent mentium	G. 500
Iram tuam q. Dne. a populo tuo miseratus	G. 714
Iterata festivitate b. Laurentii natalitia	G. 662
Iterata mysteria Dne. pro sanctorum martyrum	G. 680

Jejunia nostra q. Dne. benigno favore	Gr. 42 (see G. 670)
Jejunia q. Dne.	
nos sacrata laetificent	G. 512
quae sacris exequimur	G. 531
Jesu Christi Dni. nostri corpore saginati	Gr. 119
Jugiter nos Dne. sanctorum tuorum vota	G. 679

Laeta nos Dne. q. s. Laurentii martyris tui	L. 397
Laetamur Dne. tuorum celebritate sanctorum	L. 384
Laetetur Dne. q. populus tuus tua dextera	L. 444
Laetetur Ecclesia tua Deus	
b. Agapiti	Gr. 115
martyrum tuorum Petri et Marcellini	G. 646
Laetetur semper Ecclesia tua Dne. tuorum	L. 477
Laeti Dne. frequentamus salutis humanae principia	G. 494
Laeti Dne. sumpsimus	
sacramenta caelestia intercedente	G. 698
sacramenta caelestia quae nobis	G. 645
Laetifica nos Dne. q. consolationibus	L. 381
Laetificet nos Dne. munus oblatum	G. 653
Laetificet nos q. Dne. sacramenti	L. 378 (G. 607)
Largiente te Dne. *beati* (*beatorum* G.) Petri et Pauli	L. 343 (G. 653)
Largire nobis Dne. q. (*semper* G. Gr.) spiritum	L. 434 (G. 689) (Gr. 168)
Largire nobis o. D. a quo omne	L. 413
Largire q. Dne.	
famulis tuis fidei et securitatis	G. 497 (see L. 468, Gr. 10)
famulis tuis fidei spei et caritatis	L. 468 (Gr. 10) (see G. 497)
Largire q. Dne. fidelibus tuis indulgentiam	G. 694 (Gr. 75, Gr. 174, Gr. 252)
Largire q. Ecclesiae tuae D. et a suis	G. 583
Largire q. o. D. ut anima famuli tui	G. 617
Largire sensibus nostris o. D. ut per	Gr. 54
Laudent te Dne. ora nostra	L. 482
Laudes tuas Dne. non tacemus	L. 371
Laudis tuae Dne. hostias immolamus	L. 297 (Gr. 113)

INDEX OF COLLECTS.

Libantes Dne.
    dona caelestia praesidium nobis   L. 370
    mensae tuae beata mysteria   L. 462 (cf. G. 641) (cf. G. 672)
Libera Dne. q. a peccatis et hostibus   L. 462, Gr. 254 (G. 531)
Libera nos (*Dne.* G.) ab omni malo   L. 359 (G. 705)
Libera nos Dne. q. a nostrorum debitis   L. 357

Magna est Dne. apud clementiam tuam   Gr. 114
Magnifica Dne. b. Laurentii solemnia   G. 660
Magnificamus Dne.
    clementiam tuam qui et veniam   L. 441
    nomen tuum o. et misericors D.   L. 302
Magnificantes Dne. clementiam *supplices* (*suppliciter* G.)   L. 393 (G. 679)
Magnificare Dne. D. noster in sanctis tuis   G. 613 (cf. Gr. 472)
Magnificasti Dne. sanctos tuos suscepta   L. 390, L. 394
Magnificentiam tuam Dne. *praedicamus* (*precamur* G.)   L. 371 (G. 717)
Magnificet te Dne. sanctorum (*tuorum* Gr.) Cosmae et Damiani   G. 668 (Gr. 41)
Magnis mysteriis incitata plebs tua   L. 325
Majestatem tuam Dne. supplices deprecamur
    ut huic   G. 552 (Gr. 213)
    ut nos et caelestibus   L. 442
    ut sicut nos jugiter   L. 401, Gr. 117
Majestatem tuam Dne. supplices exoramus
    ut animae   G. 759 (see L. 454)
    ut quos   G. 579
    ut sicut Ecclesiae   G. 654 (see L. 466, G. 675, Gr. 132)

Majestatem tuam Dne. suppliciter
    deprecamur ut haec   G. 693 (Gr. 173)
    exoramus ut anima   L. 454 (see G. 759)
    exoramus ut sicut Ecclesiae   L. 466 (G. 675) (Gr. 132) (see G. 654)

Majestatem tuam
    nobis Dne. q. haec hostia   G. 671
    q. Dne. sancte Pater o. aet. D. qui non mortem   G. 552
    supplices exoramus ut nec terreri   L. 354
    suppliciter deprecamur ut sicut nos   L. 365
Majestati tuae
    Dne. debitas laudes offerimus   L. 382
    nos Dne. martyrum   L. 302, G. 678
Martyrum tuorum
    Dne. Gerbasi et Protasi   G. 648
    nos Dne. semper festa   L. 302 (G. 678)

Matutina *supplicum* (*supplicantium* Gr.) vota	G. 744 (Gr. 234)
Memento Dne. quaesumus	
animae famuli tui	L. 453
conditionis humanae	L. 306
Memento Dne. quod es operatus	L. 429
Memor esto (*q.* Gr.) Dne. fragilitatis humanae	G. 707 (Gr. 251)
Mensa tua nos Dne. a delectationibus	G. 698 (see Gr. 160)
Mensae caelestis participes effecti	Gr. 114
Mentem familiae tuae q. Dne. intercedente	Gr. 80
Mentes nostras	
Dne. Spiritus Paraclitus qui a te	G. 602 (see Gr. 92)
et corpora Dne. q. operatio	L. 449
et corpora possideat	G. 692 (Gr. 172)
Mentes nostras quaesumus Dne.	
lumine tuae claritatis	Gr. 32
lumine tuae visitationis	Gr. 138
Paraclitus qui a te	Gr. 92 (see G. 602)
Sanctus Spiritus divinis	L. 321 (G. 601) (Gr. 92, Gr. 389)
Mentibus nostris *q.* Dne. Spiritum sanctum	Gr. 94 (Gr. 94 *n*)
Miseratio tua D. ad haec percipienda	G. 521
Miserationum tuarum Dne. q. praeveniamur	G. 686
Miserator et misericors Dne. qui nos	L. 476
Miserere Dne.	
deprecantis Ecclesiae	L. 355
popul*i* tu*i* (*o* Gr.) et continuis	L. 356 (Gr. 44)
Miserere jam q. Dne. populo tuo	Gr. 248
Miserere nostri D. et tuae nobis pietatis	G. 701
Miserere q. Dne. D. famulis	
et famulabus tuis omnibus	Gr. 195 *n* (see Gr. 196)
tuis pro quibus	Gr. 196 (see Gr. 195 *n*)
Misericordiae tuae remediis q. Dne.	L. 439 (cf. Gr. 122)
Misericordiam tuam suppliciter deprecor	Gr. 390
Misericors et miserator Dne. aequi (*sic*) nos	G. 711
Misericors et o. D. qui nos de virtute	L. 461
Mitte Dne. q. Spiritum sanctum	L. 372
Mores nostros Dne. q. tua pietate	L. 420
Moveat pietatem tuam q. Dne. subjectae	L. 437, Gr. 250
Multiplica Dne.	
benedictionem tuam	G. 619 (cf. Gr. 186)
quaesumus in Ecclesia tua	L. 432
super animas famulorum	G. 762
super nos misericordiam	G. 742 (cf. Gr. 232)
Multiplica *fidem q. Dne.* populi tui	G. 581 (Gr. 73)
Multiplices Dne. incursus quos mundus	L. 414
Munda nos Dne. sacrificii praesentis	G. 693, Gr. 173
Munera Dne. oblata sanctifica et intercedente	
b. Clemente	Gr. 130

Munera Dne. oblata sanctifica et intercedente
 b. Georgio   Gr. 79
 b. Joanne Baptista   Gr. 97, Gr. 98
 b. Nicomede   Gr. 95
Munera Dne. oblata sanctifica
 nosque a peccatorum   Gr. 31
 ut tui nobis Unigeniti   Gr. 95, Gr. 165
Munera Dne. quae pro apostolorum tuorum   Gr. 82 (cf. Gr. 179)
Munera Dne. q. oblata sanctifica
 et corda nostra   Gr. 89, Gr. 90
 ut et nobis   Gr. 188
Munera Dne. q. offerentes ut et ab omnibus   L. 367
Munera Dne. tibi dicata
 quaesumus sanctifica et per eadem   G. 700 (see Gr. 96, Gr. 131)
 sanctifica et intercedente   G. 96 (cf. Gr. 131) (see G. 700)
Munera Dne. tuae glorificationis   L. 341 (cf. G. 652)
Munera nomini tuo Dne. cum gratiarum   L. 371
Munera nos Dne. q. oblata purificent   Gr. 46
Munera nostra *Dne. q.* nativitatis   G. 494 (Gr. 9)
Munera nostra q. Dne. propitiatus assume   G. 665
Munera plebis tuae Dne. q. b. Apostolorum   L. 330
Munera populi tui Dne. propitiatus intende   G. 649
Munera quae deferimus Dne. benignus assume   L. 336
Munera quaesumus Dne.
  famulae et sacratae tuae (*Ill.*)   G. 632
  quae tibi pro requie   G. 761
  tibi dicata sanctifica et intercedente   Gr. 84 (see Gr. 108)
  tuae plebis propitiatus   L. 451
Munera supplices Dne. tuis altaribus adhibemus   L. 344
Munera tibi Dne.
  dicata sanctifica et intercedente   Gr. 108 (see Gr. 84)
  laetantes offerimus quae beatorum   L. 342
  nostrae devotionis offerimus   Gr. 108 *n*, Gr. 109, Gr. 180, Gr. 384
  pro s. Felicitatis   G. 674
  pro s. martyris Agapiti   G. 663
  pro s. martyris Joannis Baptistae   G. 665
  pro s. martyrum Abdo et Senis   G. 657
Munera tua D. institutor illustra   L. 412
Munera tua nos D. a delectationibus   Gr. 160 (see G. 698)
Munera tuae misericors D. majestati   Gr. 387
Muneribus Dne. te magnificamus oblatis   G. 644
Muneribus nostris Dne.
  apostolorum (*Ill.*) festa   G. 655
  precibusque susceptis   L. 449, G. 623 (see Gr. 15 &c.)
  s. Laurentii martyris   L. 398
Muneribus nostris quaesumus Dne.
  gratiam tuae placationis   L. 437

INDEX OF COLLECTS. 59

Muneribus nostris quaesumus Dne.	
precibusque susceptis	Gr. 15, Gr. 21, Gr. 26, Gr. 83, Gr. 128, Gr. 136, Gr. 158, Gr. 180 (see L. 449, G. 623)
Muneris divini perceptio q. Dne. semper	L. 443
Munerum tuorum Dne.	
largitate gaudentes	L. 429 (see G. 712)
largitate sumentes	G. 712 (see L. 429)
Muniat q. Dne. fideles tuos sumpta	G. 709
Munus hoc Dne. q. Apostolica pro nobis	L. 332
Munus populi tui Dne. placatus intende	L. 469
Munus populi tui Dne. quaesumus	
Apostolica deprecatione	L. 474
Apostolica intercessione	Gr. 101
dignanter assume	L. 408, G. 669
Munus quod tibi Dne. nostrae servitutis	Gr. 39
Mysteria nos Dne. sancta purificent	G. 698 (Gr. 166)
Mysteria sancta nos Dne. et spiritalibus	G. 701, Gr. 177
Mysteria tua Dne. debitis servitutis (*sic*) exsequentes	L. 362
Mysteriis Dne. repleti sumus votis et gaudiis	G. 674
Mysteriis tuis *Dne.* (*om.* G.) veneranter assumptis	L. 479 (G. 501)
Mystica nobis Dne. prosit oblatio	G. 701, Gr. 126
Natalem b. Clementis sacerdotis	G. 673
Natalitia s. Joannis Apostoli q. Dne. munera	L. 475
Ne despicias Dne. q. in afflictione clamantes	L. 372
Ne despicias o. D. populum tuum in afflictione	Gr. 250
Ne q. Dne. pro nostris excessibus	L. 309
Nomini tuo Dne. munera q. dicata sanctifica	L. 356
Nomini tuo q. D. aeterne da gloriam	L. 441
Nostra tibi q. Dne. sint accepta jejunia	Gr. 48
Nostris *q. Dne.* propitiare temporibus	L. 375 (Gr. 252)
Non intres in judicium cum servo tuo	Gr. 214
Non obruamur Dne. q. quamvis immensis	L. 309
Non praejudicet q. Dne. fidelibus tuis	L. 298
Non retribuas nobis q. Dne. quae malis	L. 439
Oblata Dne. munera	
nova Unigeniti tui nativitate	Gr. 10
sanctifica nosque a peccatorum	Gr. 159
Oblata munera nomini tuo Dne. nostrae	L. 330
Oblata tibi Dne. munera populi tui	L. 396
Oblati sacrificii Dne. q. praestet effectus	L. 440
Oblatio Dne.	
tuis aspectibus immolanda	G. 734 (Gr. 206)
tuo nomini dicanda purificet	G. 590 (see G. 586, G. 691, Gr. 165)

INDEX OF COLLECTS.

Oblatio nos Dne. quaesumus
    dicata (*dicanda* Gr.) purificet et de die   G. 586, G. 691 (Gr. 165) (see G. 590)
    sacranda purificet ac sui   L. 361
Oblatio tibi Dne.
    nostra defertur quae ut tua   L. 350
    sit nostra semper accepta   L. 408
    votiva defertur.   Precamur   L. 343
Oblatio tibi sit Dne. hodiernae festivitatis   L. 473 (cf. G. 496)
Oblationem familiae tuae Dne. sanctorum   L. 311
Oblationes nostras .
    Dne. q. propitiatus intende quas et   L. 453
    q. Dne. propitiatus intende quas in   G. 643
    q. Dne. propitiatus intende quas tibi   G. 756
    q. Dne. tua tibi dignatione   L. 312
Oblationes populi tui Dne. quaesumus
    (*b.* G.) Apostolorum   L. 332 (cf. G. 653)
    placatus intende   L. 404
Oblationibus q. (*om.* G.) Dne. placare susceptis   G. 709, Gr. 47, Gr. 166
Oblationibus q. Dne. precibusque susceptis   Gr. 384
Oblatis Dne. placare muneribus
    et intercedentibus omnibus   Gr. 182 (see Gr. 97)
    et opportunum   G. 716, Gr. 207
Oblatis Dne. q. placare mun. et interc. b. Chrysogono   Gr. 130
Oblatis hostiis *Dne. q.* praesenti famulae   G. 632 (Gr. 453)
Oblatis muneribus Dne. plebs fidelis   L. 466
Oblatis q. Dne. placare muneribus
    et a cunctis   Gr. 31
    et intercedente b. Valentino   Gr. 25
    et intercedentibus sanctis   Gr. 97 (see Gr. 182)
Oblatum tibi Dne. sacrificium vivificet   Gr. 27, Gr. 44, Gr. 107, Gr. 159

Obsecramus misericordiam tuam aet. o. D.   Gr. 216
Observationis annuae celebritate gratulantes   L. 360
Observationis hujus annua celebritate laetantes   G. 507
Oculi nostri ad te Dne. semper intendant   Gr. 262
Offerendorum tibi munerum *D.* (*om.* L. 389) auctor   L. 387, L. 389
Offerentium tibi munera q. Dne. ne delicta   L. 306
Offerimus Dne.
    laudes et munera pro concessis   L. 444 (G. 718, Gr. 209) (see G. 580)
    munera tuorum tibi solemnitatibus   L. 307 (cf. L. 348)
Offerimus hostias
    Dne. in sancti Laurentii   L. 399
    nomini tuo Dne. quantum   L. 384
Offerimus sacrificium Dne. quod pro reverentia   L. 338 (G. 656)
Offerimus tibi Dne.
    fidelium tuorum dona   L. 296

INDEX OF COLLECTS.   61

Offerimus tibi Dne.
   laudes et munera et pro concessis   G. 580 (see L. 444, Gr. 209, G. 718)
      munera quae dedisti   L. 370, Gr. 178 (G. 529)
      munera supplicantes ut quae   L. 481
      munus quod sicut duplici   L. 354
      preces et munera quae ut tuo   L. 334, L. 335 (Gr. 104)
      quae dicanda   L. 322
Omnipotens aeterne Deus
   qui humano corpori   G. 751
   qui primitias martyrum   G. 497 (see L. 383, Gr. 12)
   tuae gratiae pietatem supplici devotione   Gr. 190
Omnipotens Deus
   Christiani nominis inimicos   Gr. 202 (see G. 728 &c.)
   fac nobis tibi semper devotam   G. 698
   misericordiam tuam in nobis   Gr. 250
   Romani nominis inimicos   G. 728, Gr. 201, Gr. 267 (see Gr. 202)
   ut sancti nos Jacobi   G. 644
Omnipotens et misericors Deus
   a bellorum nos quaesumus   L. 355, Gr. 200 (Gr. 267)
   ad cujus beatitudinem   L. 368 (G. 606)
   apta nos tuae propitius voluntati   G. 603
   apud quem voluntas habetur   L. 452
   de cujus munere venit   L. 371 (G. 691, Gr. 170)
   in cujus *omnis* (*om.* G. Gr.) humana   L. 452 (G. 756) (Gr. 219)
   majestatem tuam supplices deprecamur   G. 596
   propitiationis tuae dona   L. 436
Omnipotens et misericors Deus qui
   b. *Baptistam Joannem*   L. 323 (Gr. 100)
   benigne semper operaris   L. 431
   nos ad celebritatem   L. 426
   nos sacramentorum   L. 347
   peccantium non vis animas   G. 708
   peccatorum indulgentiam   G. 551
Omnipotens et misericors D. universa nobis   G. 694, Gr. 174
Omnipotens misericors Deus qui sacerdotibus tuis   Gr. 471 (see Gr. 490)
Omnipotens mitissime Deus
   qui sitienti populo fontem   Gr. 387
   respice propitius preces nostras   Gr. 203 *n.*
Omnipotens sempiterne Deus
   a quo solo sancta desideria   G. 690 (see G. 727, Gr. 203)
   ab hostium nos defende formidine   L. 378
   adesto magnae pietatis tuae   G. 568 (Gr. 63)
   altari nomini tuo dicatum   Gr. 242
   annue precibus nostris   G. 760
   apud quem nihil obscurum est   Gr. 234
   apud quem quum totius rationabilis   L. 407

Omnipotens sempiterne Deus
    caelestium terrestriumque moderator   Gr. 189
    clementiam tuam supplices exoramus   G. 531
    collocare dignare corpus et animam   G. 762
    confitenti tibi huic famulo tuo   G. 551
    cordibus nostris benignus infunde   L. 414
    creator humanae reformatorque naturae   G. 497
    cui nunquam sine spe   G. 757, Gr. 218
    cujus *aeterno* (*om.* Gr.) judicio universa   G. 560 (Gr. 57)
    cujus munere elementa   G. 716
    cujus Spiritu totum corpus Ecclesiae   G. 560 (Gr. 58)
    cujus viae misericordia est   L. 358
    da cordibus nostris illam   L. 324 (Gr. 99)
    da nobis fidei spei et caritatis augmentum   L. 374, G. 691, Gr. 171
    da nobis ita Dominicae Passionis   Gr. 53
    da nobis voluntatem tuam   L. 363 (G. 501)
    da populis tuis praecipuorum   L. 336, L. 340
    da q. universis famulis tuis   G. 548
    deduc nos ad societatem   G. 582 (G. 602) (Gr. 77)
    dirige actus nostros   Gr. 16, Gr. 158
    Ecclesiae tuae concede   L. 377
    Ecclesiae tuae votis   L. 394
    Ecclesiam tuam spiritali   G. 525
    effunde super hunc locum   G. 614
    fac nos tibi semper et devotam   G. 586, G. 691, Gr. 164
    fidelium splendor animarum   Gr. 17
    fons omnium virtutum   G. 618
    fortitudo certantium   G. 666
    hoc baptisterium   G. 618, Gr. 186
    hostilia q. arma   L. 427
    in cujus arbitrio regnorum   L. 411
    in cujus manu sunt   Gr. 58
    in protectione fidelium   L. 450
    indeficiens lumen   G. 598, Gr. 150
    infirmitatem nostram   Gr. 160
    insere te officiis nostris   G. 738
    maj. tuam supplices exor. et [? ut] famulo   G. 753
    maj. tuam supplices exor. ut sicut   Gr. 23
    mentes nostras q. ad opera   L. 360
    miserere famulo tuo et dirige   Gr. 194
    miserere supplicum in tua   G. 730
    misericordiam tuam ostende   Gr. 124
    misericordiam tuam supplices   L. 412
    moestorum consolatio   G. 561, Gr. 59
    multiplica in honorem   G. 567 (Gr. 148)
    multiplica super nos   G. 742
    nostrorum temporum vitaeque   Gr. 198
    origo cunctarum perfectioque   L. 433

Omnipotens sempiterne Deus
   parce metuentibus   G. 741 (Gr. 227)
   Pater Dni. nostri Jesu Christi   G. 533
   per quem coepit esse   G. 691
   petimus divinam clementiam   G. 716
   populi fidelis institutor   L. 363
   propensius his diebus   G. 583
Omnipotens sempiterne Deus qui
   abundantia pietatis tuae   G. 690 (Gr. 170)
   ad aeternam vitam   G. 574
   aegritudines et animorum   G. 736
   caelestia simul et terrena   Gr. 159, Gr. 257
   Christi tui beata passione   G. 548
   continuum etiam post futuram   G. 725
   contulisti fidelibus tuis remedia   L. 451
   dedisti famulis tuis in confessione   Gr. 381
   Ecclesiam tuam in Apostolica   L. 339 (Gr. 103)
   Ecclesiam tuam nova semper prole   G. 561, Gr. 58
   eligis infirma mundi   L. 456 (G. 672) (cf. G. 641)
                                                   (see Gr. 21, Gr. 120)

   et justis praemia meritorum   G. 527
   etiam in b. Joannis generatione   L. 325
   etiam Judaicam perfidiam   G. 562 (Gr. 59)
   facis mirabilia magna solus   G. 719 (cf. G. 737) (cf. Gr. 197)
   famulum tuum (*Ill.*) regni fastigio   Gr. 189
   fragilitati nostrae consulens   L. 310 (L. 337)
   gloriam tuam *in* (*om.* Gr.) omnibus   G. 560 (Gr. 57)
   gregalium [? legalium] differentias hostiarum   G. 613 (see G. 688)
   hanc sacratissimam noctem per universa   G. 571
   humanam naturam supra primae   Gr. 77
   humano generi ad imitandum   Gr. 51
   hujus diei venerandam sanctamque   L. 474, Gr. 14
   hunc diem beatorum Apostolorum   L. 342 (see L. 330, L. 334, G. 653)
   hunc diem per incarnationem   G. 495 (cf. Gr. 11)
   hunc locum Judaicae superstitionis   G. 617
   in Dni. nostri J. C. F. tui nativitate   L. 470 (see Gr. 11)
   in Filii tui Dni. nostri nativitate   Gr. 11 (see L. 470)
   in omnium operum tuorum   G. 566, Gr. 149
   in omnium sanctorum tuorum   L. 459
   in sanctis tuis es ubique   L. 348
   in terrena substantia constitutos   L. 387
   ineffabili sacramento jus   L. 333
   infirma mundi eligis   Gr. 21 (cf. Gr. 120) (see L. 456,
                                                   G. 641, G. 672)

   instituta legalia et sanctorum   L. 326 (cf. G. 650)
   inter innumera beneficia   L. 349
   maternum affectum   G. 726

Omnipotens sempiterne Deus qui
    nobis in observatione jejunii   G. 508
    non mortem peccatorum   G. 562, Gr. 59
    non sacrificiorum ambitione   G. 604

Omnipotens sempiterne Deus qui nos
    ab hostibus defendis   L. 435
    ad observantiae hujus annua   L. 415
    b. Apostolorum Petri et Pauli   G. 654
    donis tuis praevenis dignanter   L. 369
    et castigando sanas   L. 372 (cf. G. 718) (cf. Gr. 209)

    et sustentationibus annuis   L. 416
    eorum multiplici facis   L. 340
    idoneos non esse perpendis   L. 311, L. 327
    multiplici sanctorum tuorum   L. 404
    omnium Apostolorum merita   L. 341 (G. 655)
    sancti martyris tui Tiburti   G. 661

Omnipotens sempiterne Deus qui
    nulli nos inferre mandasti   L. 349
    offerenda tuo nomini tribuis   L. 361
    omnes salvas et neminem   G. 562 (see Gr. 59)
    Paschale sacramentum in reconciliationis   Gr. 73
    Paschale sacramentum quinquaginta   L. 316, Gr. 88 (G. 600)
    Paschalis solemnitatis arcanum   L. 319
    per abstinentiam salutarem   G. 532 (see G. 509, &c.)
    per continentiam salutarem   G. 509 (G. 512) (G. 520) (Gr. 123) (see G. 532)

    per Filium tuum angularem   Gr. 470
    per unicum Filium tuum   G. 598 (Gr. 151)
    primitias martyrum gloriosi Levitae   L. 386
    primitias martyrum s. (in b. Gr.) Levitae   L. 383 (Gr. 12) (see G. 497)
    regenerasti famulum tuum   G. 596
    regnis omnibus aeterna   G. 561
    sacerdotibus tuis prae caeteris   G. 490 (see Gr. 471)
    salvas omnes et...aperi   Gr. 207, Gr. 268
    salvas omnes et...respice   Gr. 59 (see G. 562)
    sanctis tuis non solum credere   L. 389
    sanctorum martyrum confessionibus   L. 304
    sanctorum tuorum nos intercessione   L. 295
    sanctorum virtute multiplici   L. 385
    sic hominem condidisti   L. 417
    superbis resistis et gratiam   L. 353, G. 732, Gr. 205
    terrenis corporibus   G. 663
    timore sentiris dilectione coleris   G. 710
    tuae mensae participes   L. 301, G. 501
    tuis fidelibus contulisti ut ille   L. 326
    Unigenito tuo novam   G. 500
    Verbi tui incarnationem   G. 502

INDEX OF COLLECTS.

Omnipotens sempiterne Deus qui
    vitam humani generis   G. 549
    vivorum dominaris simul   Gr. 385
Omnipotens sempiterne Deus
    respice propitius ad devotionem   G. 568 (Gr. 62) (Gr. 150)
    respice propitius super hunc   G. 719
    Romani nominis defende rectores   L. 382
    Romanis auxiliare principibus   L. 375
    salus aeterna credentium   G. 735 (Gr. 212)
    sensibus nostris propitiatus   L. 449
    spes unica mundi qui prophetarum   G. 568, Gr. 150
    tota nos ad te mente converte   L. 380
    totius conditor creaturae   G. 724
    tribue nobis munere festivitatis   L. 313
    universa nobis adversa   Gr. 254
    vespere et mane et meridie   G. 745, Gr. 236
Omnipotens tua (*sic*) Dne. prompta mente   G. 670
Omnipotentiam tuam q. Dne. sanctus tuus   G. 616
Omnis a nobis te Dne. q. expiante   L. 427
Omnium *nostrum* (*nostrorum* G.) Dne. q. ad te corda   L. 412 (G. 512)
Omnium nostrum Dne. q. hostias   L. 434
Omnium virtutum D. bonorumque   L. 466
Operis tui D. initiator et custos   L. 425
Opus misericordiae tuae est   G. 750
Oremus (*sic*) pietatem tuam o. D. ut has   G. 746
Oriatur Dne. nascentibus tenebris   G. 745 (Gr. 235)
Ostende nobis Dne. misericordiam tuam   L. 297

Pacem nobis tribue Dne. (*q.* G.) mentis et corporis   L. 480 (cf. G. 510)
Parce Dne. parce
    peccantibus et ut ad   L. 316, G. 706
    peccatis nostris et quamvis   G. 707
    populo tuo ut dignis   L. 363, Gr. 29, Gr. 249
    supplicibus da propitiationis   G. 709
Parce Dne. q. parce populo tuo et nullis   Gr. 80
Paschale mysterium recensentes   G. 574
Paschales hostias recensentes q. Dne.   G. 577
Paschalibus nobis q. Dne. remediis   G. 581
Pateant aures misericordiae tuae Dne.   G. 689, Gr. 169 (Gr. 45)
Patientia pretiosa justorum   L. 464
Peccata nostra Dne. propitiatus   L. 437
Peccata nostra Dne. q. memor   Gr. 262
Peccatorum nostrorum multitudine   L. 306
Peccavimus tibi o. et misericors D.   L. 307
Per haec *q. veniat* Dne. sacramenta   G. 713 (Gr. 40)
Per hoc q. Dne. sacrificium quod tuae   Gr. 204 *n.*

W. I.

INDEX OF COLLECTS.

Per hujus Dne. operationem mysterii	Gr. 33, Gr. 52 (Gr. 159) (cf. Gr. 107)
Peractis solemniter Dne. quae pro Apost.	L. 336
Percepimus Dne. gloriosa mysteria	L. 418
Percepta Dne. sancta nos adjuvent	G. 519
Percepta nobis Dne. praebeant	G. 529 (Gr. 28)
Perceptis Dne. caelestibus sacramentis gratias	L. 405
Perceptis Dne. sacramentis	
b. Apostolis intervenientibus	Gr. 104 (see L. 332 &c.)
subdito corde rogamus	L. 332, L. 340 (cf. G. 654) (see Gr. 104, Gr. 132 &c.)
supplices te rogamus	L. 337 (see L. 332 &c.)
suppliciter exoramus	Gr. 132 (Gr. 179) (see Gr. 104) (see L. 332 &c.)
suppliciter rogamus	G. 656 (see G. 654, L. 332 &c.)
Percipiant q. Dne. vitae praesentis auxilium	L. 322
Percipiat Dne. q. populus tuus misericordiam	Gr. 258
Percipientes Dne. gloriosa mysteria referimus gratias	G. 524
Perfice Dne.	
benignus in nobis observantiae	G. 505 (see Gr. 36)
misericordias tuas populo	L. 380
q. benignus in nobis ut quae sacris	L. 435, G. 712
votiva mysteria et quae in martyrum	L. 463
Perfice in nobis q. Dne. gratiam tuam	Gr. 23
Perfice nobis Dne. fructum gratulationis	L. 397
Perfice q. Dne. benignus in nobis observantiae	Gr. 36 (see G. 505)
Perficiant in nobis *Dne. q.* tua	G. 671, Gr. 124
Perpetua q. Dne. pace custodi	G. 700, Gr. 176
Perpetuis nos Dne.	
s. Joannis Baptistae	G. 665 (see L. 400)
sanctorum tuere	L. 400 (see G. 665)
Perpetuo Dne. favore prosequere quos reficis	L. 416, G. 511
Perpetuum nobis Dne. tuae miserationis	G. 669, Gr. 386
Pignus aeternae vitae capientes	G. 657
Placare Dne. muneribus semper acceptis	G. 716
Placare *Dne. q.* humilitatis nostrae precibus	G. 680 (Gr. 134)
Placatio tua nobis Dne. sit propinqua	L. 378
Placatus q. Dne. quidquid pro peccatis	L. 341
Placidus aspice Dne. plebem tuam	L. 361
Plebem nomini tuo subditam Dne. propitius	G. 700 (G. 714)
Plebem tuam	
Dne. q. interius exteriusque restaura	L. 435, G. 529
q. Dne. perpetua pietate custodi	L. 409
Plebis tuae	
Deus ad te corda converte ut tuo	G. 701
Dne. munera benignus intende	L. 405, G. 668
munera q. Dne. propitiatus intende	L. 348
q. Dne. ad te semper corda converte	G. 699

INDEX OF COLLECTS. 67

Plebs tua Dne.	
capiat sacrae benedictionis	Gr. 717, Gr. 208
laetetur tuorum semper honore	L. 401
q. benedictionis sanctae munus	L. 372, G. 511
sacramentis purificata caelestibus	L. 440
Plenum q. Dne. in nobis remedium	G. 626 (cf. Gr. 443)
Porrige dexteram (*tuam* Gr.) q. Dne. plebi	L. 357 (Gr. 256)
Porrige nobis	
Deus dexteram tuam et auxilium	Gr. 262 (see G. 643)
Deus dexteram tuam et per	G. 643 (see Gr. 262)
Dne. dexteram tuae venerationis	G. 684
Porrige q. dexteram Dne. populo	L. 377
Populi tui	
Deus defensor et rector concede	L. 410
Deus institutor et rector peccata	L. 345, Gr. 46 (G. 527)
Dne. q. tibi grata sit hostia	G. 674
q. o. D. propitiare peccatis	G. 731
Populum tuum Dne. propitius respice et quos	Gr. 36
Populum tuum Dne. quaesumus	
ad te toto corde converte	G. 519 (see G. 547)
posside caelestibus institutis	L. 443
propitius respice atque ab eo	Gr. 33
toto corde converte	G. 547 (see G. 519)
tueantur	G. 495
Populum tuum q. o. D. ab ira tua	G. 712, Gr. 269
Populus tuus q. Dne. renovata	G. 581
Praebeant nobis Dne. divinum tua sancta	Gr. 52, Gr. 95
Praecinge q. Dne. D. noster lumbos mentis	G. 682
Praepara nos q. Dne. hujus praecipue	G. 507
Praesenti sacrificio	
Dne. tua generaliter exultet	L. 473
nomini tuo nos Dne. jejunia	G. 520 (Gr. 37)
Praesentibus sacrificiis Dne. jejunia nostra	G. 519, Gr. 34
Praesta Dne. D. noster	
ut contra omnes fremitus	L. 322
ut quorum nobis festivitate	L. 298 (see Gr. 129)
Praesta Dne.	
fidelibus tuis ut jejuniorum	Gr. 28 (see G. 669)
precibus nostris cum exultatione	Gr. 121
Praesta Dne. quaesumus	
animae famuli tui	L. 453
ecclesiam tuam sub tantis	L. 467
famulis tuis renuntiantibus	G. 743
famulis tuis talesque nos	G. 604
intercedentibus sanctis tuis ut quae	L. 462 (see G. 642, Gr. 180 &c.)
Praesta Dne. q. ut	
anima famuli tui (*Ill.*) cujus	Gr. 220

Praesta Dne. q. ut
    anima famuli tui (*Ill.*) episcopi — Gr. 272 (see L. 454, G. 753)
    dicato muneri congruentem — L. 480, G. 685
    et de nostrae gaudeamus provectionis — L. 430
    illius salutis capiamus effectum — G. 586
    mentium reprobarum — L. 442 (cf. G. 734, Gr. 206)
    per haec quae his oblationibus — L. 449
    per haec sancta quae sumpsimus — G. 734 (Gr. 206)
    quam immensis erroribus — L. 309
    quorum memoriam sacramenti — L. 393
    sacramenti tui participatione — G. 674 (see G. 666)
    sicut populus Christianus — L. 455 (cf. G. 657)
    sicut sanctorum tuorum — L. 406 (G. 677)
    temporalibus non destituamur — L. 420, L. 436
    terrenis affectibus expiati — G. 710, Gr. 204
    toto tibi corde subjecti — L. 352 (G. 732)

Praesta famulis tuis Dne. abundantiam protectionis — L. 382 (G. 507)

Praesta misericors Deus ut
    ad suscipiendum Filii tui — G. 493
    natus hodie Salvator — L. 474 (G. 496) (see Gr. 10)

Praesta nobis
    aeterne Salvator ut percipientes — Gr. 200
    intercedentibus omnium s. tuorum meritis — Gr. 384
    Dne. misericordiam tuam sanctorum — L. 293

Praesta nobis Dne. quaesumus
    Apostolicis doctrinis — L. 475
    auxilium gratiae tuae ut jejuniis — G. 520, Gr. 37
    auxilium gratiae tuae ut sine qua — L. 379
    intercedente beato Theodoro, ut quae — Gr. 128 (see L. 462, G. 642, Gr. 109, Gr. 180, Gr. 384)
    intercedentibus sanctis (*tuis Illis* Gr.) ut quae — G. 642 (Gr. 180) (Gr. 109) (see L. 462) (see Gr. 384)
    universa peccata pariter — L. 305

Praesta nobis ineffabilis et misericors D. ut
    adoptio — L. 318

Praesta nobis misericors Deus ut
    digne tuis servire semper — Gr. 50
    placationem — G. 518, G. 692

Praesta nobis omnipotens Deus ut
    dicatum nomini tuo sacrificium — L. 410
    percipientes Paschali munere — G. 581
    quia vitiis subjacet — G. 518
    vivificationis tuae gratiam — G. 508 (G. 584, Gr. 162)

Praesta nobis o. et misericors D. ut
    in resurrectione — Gr. 77
    quae visibilibus — L. 313 (see Gr. 86)
    sanctorum martyrum — L. 347

INDEX OF COLLECTS. 69

Praesta nobis q. Dne.
    Deus noster ut sicut   L. 385 (L. 386) (see Gr. 120)
    terrena despicere et amare caelestia   L. 351
    ut salutaribus jejuniis   Gr. 40
Praesta nobis quaesumus
    omnip. Deus ut nostrae humilitatis   L. 402, G. 662
    omnip. et misericors D. ut quae   Gr. 86 (see L. 313)
Praesta o. D. ut jejuniorum placatus   G. 531
Praesta populo tuo Dne. q. consolationis   L. 342 (cf. Gr. 247)
Praesta q. Deus noster ut familia tua   G. 496
Praesta q. Dne.
    animabus famulorum famularumque   G. 758
    cum accessu temporum   L. 432
Praesta q. Dne. Deus noster
    et Apostolorum natalitia   L. 345
    sacramentum hoc in Ecclesiis   L. 482
Praesta q. Dne. D. noster ut
    cujus nobis festivitate   Gr. 109 (see L. 298) (see Gr. 129)
    declinemus   L. 429
    et inter quaslibet   L. 378
    quae solemni   Gr. 78
    quorum festivitate votiva   Gr. 129 (see L. 298) (see Gr. 109)
    sicut in conspectu tuo mors   Gr. 120 (see L. 385)
Praesta q. Dne.
    familiae supplicanti   Gr. 122
    fidelibus tuis ut jejuniorum   G. 669 (see Gr. 28)
    huic famulo tuo dignum   G. 550 (Gr. 210)
    mentibus nostris cum exultatione   G. 638 (see Gr. 121)
    sic nos ab epulis abstinere   Gr. 123
    spiritalibus gaudiis nos repleri   L. 481, G. 511
Praesta q. Dne. ut
    a nostris mentibus   G. 601
    anima famuli tui (*Ill.*) episcopi   L. 454 (G. 753) (see Gr. 272)
    beati sancti (*sic*) Laurentii   G. 660
    Ecclesia tua et martyrum   G. 657
    Ecclesia tua prompta tibi voluntate   G. 732
    hac oblatione mundati   L. 376
    illa fides hic fulgeat   G. 617
    intercedente beato Sebastiano   G. 637
    martyrum tuorum jugiter   L. 298
    mentium *reprobarum* (*reproborum* Gr.)   G. 734 (Gr. 206) (see L. 442)
    nostrae gaudeamus profectionis   G. 623
    observationes sacras   G. 524, G. 530 (see Gr. 43, Gr. 122)
    per haec munera quae   G. 500
    populus tuus ad plenae devotionis   G. 649
    quod Salvatoris nostri   G. 501

INDEX OF COLLECTS.

Praesta q. Dne. ut
    sacramenti tui participatione   G. 666 (see G. 674)
    salutaribus jejuniis eruditi   G. 528
    s. confessoris et episcopi tui Donati   G. 659
    semper nobis (*sic*) b. Laurentii laetificent   G. 661
    sicut de praeteritis ad nova   L. 325 (cf. G. 559)
    sicut nobis indiscreta pietas   G. 679
Praesta quaesumus
    Ecclesiae tuae Dne. de tantis   L. 333, L. 342
    misericors D. ut tibi placita mente   Gr. 260
Praesta q. o. D. sic nos ab epulis   Gr. 94 (see Gr. 123)
Praesta quaesumus o. Deus ut
    ad te toto corde clamantes   Gr. 80
    anima famuli tui (*Ill.*) episcopi   G. 753
    animam famuli tui (*Ill.*) ab angelis   G. 758, Gr. 218
    b. Felicitatis   Gr. 130
    b. Marcellus tibi placito   G. 636
    b. Stephanus Levita   L. 387, G. 498
    claritatis tuae super nos   Gr. 89
    de perceptis muneribus   Gr. 15, Gr. 181
    dignitas conditionis humanae   L. 317, G. 525, Gr. 49
    divino munere satiati   G. 573, G. 693
    excellentiam Verbi tui   G. 498
    familia tua per viam salutis   Gr. 97
    familia tua quae se affligendo   Gr. 35
    fidelibus tuis ordinatum   L. 426 (cf. G. 627)
    Filii tui ventura solemnitas   G. 684, Gr. 137
    hujus Paschalis festivitatis   Gr. 71
    inter innumeros vitae   L. 441, Gr. 256
    intercedente b. Vitale   Gr. 81
    liberis tibi mentibus   Gr. 259
    natus hodie Salvator mundi   Gr. 10 (see L. 474, G. 496)
    nostrae mentis intentio   L. 315 (see G. 588)
    nullis nos permittas   Gr. 101
    observationes sacras   Gr. 43, Gr. 122 (see G. 524, G. 530)

    per haec Paschalia festa   Gr. 70
    pro honore nominis tui   L. 461
    quae solemni celebramus officio   Gr. 17
Praesta q. o. D. ut qui
    b. (*Ill.*) martyris   Gr. 180
    b. Mennae   Gr. 128
    b. Pancratii   Gr. 84
    b. Valentini   Gr. 24
    caelestia alimenta   Gr. 98 (see Gr. 22 &c.)
    gloriosos martyres   Gr. 105 (cf. Gr. 127)
    gratiam Dominicae Resurrectionis   Gr. 68
    in afflictione nostra   Gr. 81

INDEX OF COLLECTS. 71

Praesta q. o. D. ut qui
   in tua protectione — Gr. 42
   iram tuae indignationis — Gr. 249
   jugiter Apostolica — G. 655
   nostris excessibus — Gr. 53
   offensa nostra — Gr. 250 (see note)
   Paschalia festa peregimus — Gr. 75
   sanctorum — Gr. 79 (see also Gr. 82, Gr. 96, Gr. 124)
   se affligendo *carnem* (*carne* Gr.) — G. 670 (Gr. 42)

Praesta quaesumus o. Deus ut
   quia pro peccatis nostris — G. 684
   quod fragili supplemus officio — L. 434
   quos *jejunia votiva* castigant — G. 531 (Gr. 45)
   redemptionis nostrae ventura — Gr. 683, Gr. 135
   salutaribus jejuniis eruditi — Gr. 94 (see G. 528)
   Salvatoris mundi stella duce — Gr. 18
   s. Soteris — G. 640
   sanctorum tuorum — G. 657
   semper rationabilia meditantes — G. 733, Gr. 205, Gr. 255
   sicut divina laudamus — G. 498
   Spiritus [? Sanctus] adveniens — G. 600 (see Gr. 93)

Praesta q. o. et misericors Deus ut
   inter hujus vitae caligines — Gr. 689
   quae ore contigimus — Gr. 40 (see L. 462, G. 642, Gr. 109, &c.)
   sicut in condemnatione — G. 548
   Spiritus sanctus adveniens — Gr. 93 (see G. 600)

Praesta q. o. Pater ut nostrae mentis intentio — G. 588 (see L. 315)

Praetende Dne.
   famulis et famulabus tuis (*Ill.*) dexteram — Gr. 195 (see Gr. 43, Gr. 252)
   fidelibus tuis dexteram — Gr. 43 (Gr. 252) (see Gr. 195)
   misericordiam tuam et esto — L. 392
   misericordiam tuam famulis — G. 763 (see G. 195)

Praetende nobis Dne.
   misericordiam tuam et sanctos — L. 297 (L. 300)
   misericordiam tuam ut quae — L. 369, Gr. 81, Gr. 258

Praetende q. Dne. famulo tuo dexteram — Gr. 458

Praeveniant nobis Dne. quaesumus
   Apostoli tui desiderata — G. 654
   divina tua sancta — G. 520

Praeveniat hunc famulum tuum q. Dne. — G. 504 (Gr. 209)

Praeveniat nos quaesumus Dne.
   gratia tua semper......et has — G. 717 (Gr. 208)
   misericordia tua et intercedentibus — Gr. 472
   misericordia tua et nostras — Gr. 261

Praeveniat nos q. o. D. tua gratia semper......ut
   quum — G. 681

Precamur omnipotens Deus
    omnes propitiatus a nobis   L. 444
    ut de transitoriis operibus   L. 480 (G. 510)
Preces Dne. tuorum respice oblationesque   G. 677
Preces famulae tuae (*Ill.*) q. Dne. benignus   G. 633
Preces nostras Dne.
    propitiatus admitte et a terrenis   L. 372
    q. propitiatus admitte et ut digne   L. 294, L. 310
Preces nostras quaesumus Dne.
    clementer exaudi atque a peccatorum   Gr. 27
    clementer exaudi et contra   Gr. 31
    clementer exaudi et hos elect*os*   G. 533 (cf. Gr. 153 *n.*)
    propitiatus admitte et dicatum   G. 640
    quas in famuli tui (*Ill.*) depositione   G. 752
Preces populi tui q. D. clementer exaudi ut qui G. 686 (see Gr. 137)
Preces populi tui q. Dne. clementer exaudi
    ut b. Marcelli   Gr. 19
    ut qui de adventu   G. 683 (Gr. 138)
    ut qui in sola   Gr. 257
    ut qui juste......pietatis   Gr. 137 (see G. 686)
    ut qui juste......pro tui   Gr. 26, Gr. 34
Precibus nostris q. Dne. aurem   Gr. 247
Precibus populi tui Dne. q. placatus   G. 716
Precor Dne. clementiam tuae majestatis   G. 505
Pro anima famuli tui   G. 616
Pro animabus famulorum tuorum   G. 760 (Gr. 223)
Pro b. Laurentii martyris passione   L. 394
Pro familia tua Dne. q. sanctorum   L. 402
Pro martyrum natalitiis   L. 455
Pro nostrae servitutis augmento   Gr. 121
Pro s. Cyrini Naboris et Nazarii sanguine   G. 647
Pro s. Proti et Hyacinthi   Gr. 118
Prodest quidem Dne. continuata   L. 391
Proficiat Dne. q. plebs tibi dicata   G. 606 (Gr. 253) (see Gr. 51)
                                                             (see G. 526)

Proficiat nobis ad salutem   Gr. 382
Proficiat quaesumus Dne.
    fidelis populus tuae pietatis   L. 449
    haec oblatio quam tuae supplices   Gr. 19
    plebi tibi dicatae   G. 526 (see G. 606, Gr. 51, Gr.
                                                             253)

    plebs tibi dicata   Gr. 51 (see G. 526, G. 606, Gr.
                                                             253)
Prope esto Dne. omnibus expectantibus te   Gr. 138
Propitiare Dne.
    animae famuli tui   G. 756 (Gr. 219)
    familiae tuae et benignus   G. 619
    in te *confidentibus* (*sperantibus* G.)   L. 450 (G. 729)

INDEX OF COLLECTS. 73

Propitiare Dne.
    iniquitatibus nostris   Gr. 252
    populi tui propitiatus muneribus   G. 707 (see Gr. 171)
    populo tuo et ab omnibus   G. 700
    populo tuo propitiare muneribus   Gr. 171 (see G. 707)
    preces et hostias (*sic* G. *precibus et hostiis* Gr.)   G. 730 (cf. Gr. 202)
    quaerentibus misericordiam   L. 373
Propitiare Dne. supplicationibus nostris et
    animam   G. 752
    animarum   Gr. 36, Gr. 252
    has oblationes famulorum......benignus assume   G. 687, Gr. 167
    has oblationes famulorum......quas tibi   Gr. 195 (see G. 763)
    has oblationes quas pro incolumitate   Gr. 224
    has oblationes quas tibi offerimus   G. 703 (cf. Gr. 199)
    has populi tui   G. 688 (Gr. 167) (see Gr. 195)
    inclinato   L. 422, G. 624 (cf. Gr. 357, Gr. 439, Gr. 448)
    institutis   Gr. 245
    populi   Gr. 176 *n.*
    sanctorum   L. 294
Propitiare Dne. supplicationibus nostris
    pro anima et spiritu   Gr. 220
    pro anima famuli   G. 755, Gr. 219
Propitiare Dne.
    supplicum votis   L. 375
    vespertinis supplicationibus   G. 745 (Gr. 236)
Propitiare populo tuo Deus ut a suis   G. 699
Propitiare quaesumus Dne.
    animabus famulorum   Gr. 221
    animae famuli tui   G. 757 (Gr. 218)
Propitiare supplicationibus nostris et has   G. 763 (see Gr. 195)
Propitiationem tuam Dne. q. sentiamus   L. 456, L. 459
Propitius Dne. quaesumus
    haec dona per virtutem   Gr. 388 (see L. 318, Gr. 92)
    haec dona sanctifica   L. 318, L. 320, Gr. 92 (see Gr. 388)
    oblationem nostrae servitutis   L. 329
Propitius esto Dne.
    plebi tuae et auxilium   L. 297
    supplicationibus nostris et populi   Gr. 176
Propitius intuere munera Dne.   L. 374
Propitius tribue Dne. (*q.* L. 386) ut hac   L. 385 (L. 386)
Prosequere Dne. populum tuum   L. 475
Prosequere nos o. D. et quos ab escis   G. 523 (see G. 528)
Prosequere q. o. D. jejuniorum sacra   G. 528 (see G. 523)
Prosint meritis [? immeritis] Dne. patrocinia   L. 309
Prosint nobis Dne.
    frequentata mysteria   L. 439

74 INDEX OF COLLECTS.

Prosint nobis Dne.
    justorum tuorum frequentia   L. 306
    quaesumus sumpta mysteria   L. 420 (see G. 686)
    quaesumus tuorum suffragia   L. 296
    sumpta mysteria   G. 686 (see L. 420)
Prosit nobis Dne. s. Tiburtii celebrata   G. 661
Prosit nobis q. Dne. sacramenti tui   L. 465
Prosit q. Dne. animae famuli tui   G. 754
Protector fidelium D. et subditarum   G. 737
Protector in te sperantium Deus
    et subditarum tibi mentium   G. 737
    exaudi preces nostras   L. 367
    praesta q. ut majestatem   L. 439
    respice populum   L. 341
    salva populum   L. 297 (cf. Gr. 255)
    sine quo nihil   Gr. 166
Protector noster aspice Deus
    et misericordiam   L. 347
    ut qui malorum   Gr. 34
Protegat Dne. quaesumus
    populum tuum   L. 389 (Gr. 124)
    tua dextera populum   Gr. 253
Protegat nos Dne.
    quaesumus hostia salutaris   G. 713
    saepius b. Andreae   G. 676
Protege Dne.
    famulos tuos subsidiis pacis   G. 730, Gr. 203 (see L. 370)
    famulos tuos subsidiis pasce   L. 370 (see G. 730, Gr. 203)
    fideles tuos et quos spiritali   L. 367
Protege Dne. plebem tuam
    cum sanctorum   L. 297
    et festivitatem   G. 641
    et quam martyrum   L. 462 (cf. G. 651)
Protege Dne. populum tuum
    et Apostolorum   L. 340, Gr. 103 (Gr. 104)
    et in sanctorum   G. 532
Protege nos Dne.
    Deus noster et fragilitati   G. 745
    quaesumus tuis mysteriis   L. 379, G. 732, Gr. 206
    tuorum deprecatione justorum [? sanctorum]   L. 306
Protege q. Dne. Romani nominis ubique   L. 369
Purifica Dne. quaesumus
    familiam tuam et ab omnibus   L. 378 (see G. 546, Gr. 52 n.)
    mentes nostras benignus   G. 693, Gr. 173 (see G. 577)
Purifica nos
    Dne. iisdem quibus servitium   L. 381
    misericors D. ut Ecclesiae tuae   L. 429 (G. 527) (Gr. 46, Gr. 53)

Purifica quaesumus Dne.
    familiam tuam et ab omnibus   Gr. 546, Gr. 52 *n*. (see L. 378)
    tuorum corda fidelium   Gr. 248 (Gr. 254)
Purificato (*sic*) Dne. q. mentes nostras   G. 577 (see G. 693, Gr. 173)
Purificent nos
    Dne. sacramenta......et a cunctis   G. 692, G. 711 (cf. Gr. 120)
    Dne. sacramenta......et intercedente   Gr. 120 (cf. G. 692, G. 711)
    q. Dne. sacramenta......et famul*um*   Gr. 194 (Gr. 454)
    q. o. et misericors Deus sacramenta   Gr. 386
Purificent semper et muniant tua sacramenta   G. 699, Gr. 172 (cf. G. 675)
Purificet nos
    Dne. caelestis executio sacramenti   L. 437 (G. 624)
    Dne. q. muneris praesentis oblatio   Gr. 92, Gr. 204 (Gr. 92 *n*.)
         (see L. 321, G. 601)
    indulgentia tua Deus   G. 260
    quaesumus Dne. et divini   Gr. 224
    quaesumus Dne. muneris praesentis   L. 321 (G. 601) (see Gr. 92, Gr. 204)

Quae in hoc altari proposita Dne.   L. 339 (see L. 335)
Quae tuo nomini Dne. sunt dicata   L. 334
Quaesumus Dne. Deus noster
    diei molestias noctis quiete   L. 373, Gr. 236, Gr. 259
    ne apud justitiam tuam   L. 312
    quae in hoc altari proposita   L. 335 (see L. 339)
    quos sacramentis reficis sustenta   L. 359
Quaesumus Dne. D. noster ut
    divina mysteria quae in tuorum   L. 310
    interius nobis exteriusque   L. 439
    intervenientibus sanctis tuis sacrosancta   L. 338
    mensae tuae sancta libantes   L. 373
    non desinant sancti tui   L. 402
    per haec caelestis vitae   L. 356
    propitiationis tuae nobis collata   L. 435
    quod nobis ad immortalitatis   L. 359
    quos divina tribuis participatione   L. 363, G. 732, Gr. 206
    quos divinis reparare   G. 689, G. 690, Gr. 170
    sacrosancta mysteria quae pro   Gr. 75, Gr. 137 (cf. Gr. 23, Gr. 384)

Quaesumus Dne.
    ne nos tales patiaris   L. 440
    nostris placare muneribus   G. 706
    salutaribus repleti mysteriis   Gr. 18, Gr. 19 (Gr. 82, Gr. 119, Gr. 179)˙(see G. 647)

Quaesumus Dne. ut
    b. martyrum tuorum   G. 646
    famulo tuo cujus septimum   G. 762
    salutaribus repleti mysteriis   G. 647, see Gr. 18 &c.

Quaesumus omnipotens Deus
    afflicti populi lacrimas respice   Gr. 249
    clementiam tuam ut inundantiam   Gr. 208, Gr. 268
    Ecclesiae tuae tempora   L. 481
    familiam tuam propitius respice   Gr. 47
    instituta providentiae tuae   L. 446, G. 721 (Gr. 246)
    jam non teneamur obnoxii   G. 581
Quaesumus omnipotens Deus ne
    ad dissimulationem tui cultus   L. 360
    multitudinem nostrae pravitatis   L. 439
    nos inundanis sauciari   L. 467
    nos tua misericordia derelinquat   Gr. 254
Quaesumus o. D. preces nostras respice   G. 683
Quaesumus omnipotens Deus ut
    beatus (*Ill.*) Apostolus   Gr. 179 (cf. Gr. 131)
    de perceptis muneribus gratias   Gr. 122
    et mentes nostras caelestibus   L. 419
    famulus tuus (*Ill.*) qui a tua   Gr. 188
    hoc in loco quem nomini tuo   Gr. 242 (see Gr. 489)
    illius salutaris capiamus   Gr. 31, Gr. 106, Gr. 124, Gr. 161
    in hoc loco quem nomini tuo   Gr. 489 (see Gr. 242)
    inter ejus *membra numeremur*   L. 448, Gr. 42 (G. 509)
    munus divinum quod sumpsimus   G. 694, G. 699
    nos geminata laetitia   L. 328 (G. 651) (Gr. 100)
    nostra devotio quae natalitia beati Laurenti   G. 659
    plebs tua toto tibi corde deserviens   G. 701, Gr. 177
    qui caelestia alimenta percepimus   Gr. 27 (cf. Gr. 22) (cf. Gr. 84)
                                                               (cf. Gr. 127) (see Gr. 98)
    qui nostris fatigamur offensis et merito   Gr. 247
    qui nostris fatigamur offensis sacris   L. 343
    quos divina tribuis participatione   Gr. 119, Gr. 121
    reatum nostrum munera sacrata   Gr. 126
    sancti nos Jacobi laetificet   G. 644?
    sanctorum tuorum caelestibus   L. 400, G. 678
Quaesumus o. D. vota humilium respice   Gr. 34, Gr. 39
Q. virtutum caelestium D. ut despectis   L. 442
Q. virtutum caelestium *D.* (*Dne.* G.) ut sacrificia   L. 458 (G. 673)
Quanto te Dne. praedicare sufficimus   L. 441
Qui sunt Dne. tibi subjecti benedictiones   L. 328
Quia nostrae voces Dne. non merentur   L. 310
Quod ore sumpsimus Dne. mente capiamus   L. 366, G. 525, Gr. 50, Gr. 178
Quos caelesti
    Dne. alimento satiasti   G. 698 (Gr. 102, Gr. 103) (cf.
                                                               G. 643)
    Dne. dono satiasti praesta   G. 687, Gr. 167
    recreas munere perpetuo Dne.   G. 720, Gr. 197
Quos donis caelestibus satias Dne.   L. 293
Quos jejunia votiva castigant   G. 523 (G. 604)

INDEX OF COLLECTS. 77

Quos munere Dne. caelesti reficis	G. 708
Quos refecisti Dne. caelesti mysterio	L. 357 (G. 733) (Gr. 205)
Quos tantis Dne. largiris uti mysteriis	G. 698 (Gr. 160)
Quos tuos efficis Dne. tua pietate	L. 327
Quotidiani Dne. q. munere sacramenti	G. 688, Gr. 178
Recreati Dne. sacri muneris gustu	L. 354
Redemptor animarum D. aeternitatem	G. 750
Redemptor noster aspice D. et tibi nos	Gr. 260
Redemptionis nostrae munere vegetati	L. 350 (Gr. 75)
Refecti cibo potuque caelesti D. noster	L. 392 (Gr. 13, Gr. 21, Gr. 113) (cf. Gr. 389)
Refecti Dne.	
benedictione solemni	G. 648
pane caelesti ad vitam	G. 518, Gr. 83
Refecti participatione muneris sacri	L. 322, Gr. 82, Gr. 87, Gr. 110 (Gr. 20) (Gr. 83)
Refecti vitalibus alimentis	L. 482 (G. 685) (Gr. 57)
Referat Dne. populus Christianus	L. 466
Refice nos Dne. (q. Gr.) donis tuis et opulentiae	G. 745 (Gr. 229, 229 n.)
Reficiamus [? Reficiamur] Dne. de donis et datis	G. 745
Rege Dne. populum tuum et gratiae	L. 417 (see G. 504)
Rege Dne. q. tuorum corda fidelium	L. 374
Rege nostras Dne. propitius voluntates	G. 702, Gr. 177
Rege q. Dne. populum tuum et gratiae	G. 504 (see L. 417)
Remedii sempiterni munera Dne. laetantes	G. 526
Reminiscere miserationum tuarum Dne.	G. 546
Remotis obumbrationibus carnalium	L. 327 (G. 606)
Renovatum Dne. fonte ac Spiritus tui potentia	G. 580
Reparet nos q. Dne. semper et innovet	G. 511
Repelle Dne. q. a nobis sacrilegas	L. 377
Repleamur Dne. gratia muneris sacri	L. 358
Repleantur consolationibus tuis Dne. q.	L. 433 (cf. G. 627)
Repleti alimonia caelesti et spiritali	G. 646
Repleti benedictione caelesti suppl. imploramus	L. 341 (see Gr. 386)
Repleti cibo spiritalis alimoniae supplices te	G. 681 (cf. Gr. 134)
Repleti Dne. benedictione caelesti	
quaesumus clementiam tuam	Gr. 116 (see L. 346)
sanctorum tuorum	L. 346 (see Gr. 116)
suppliciter imploramus	Gr. 386 (see L. 341)
Repleti Dne.	
caelesti mysterio et benedictionibus	L. 302
donis tuis in tuorum festivitate	L. 395
muneribus sacris	L. 436, G. 586, Gr. 164 (cf. Gr. 117)
munificentia gratiae tuae	L. 346
sacri muneris gratia	G. 547
Repleti gustu gratiae tuae et caelestis	L. 396

INDEX OF COLLECTS.

Repleti substantia reparationis et vitae	L. 297
Repleti sumus Dne.	
donorum participatione	G. 506
misericordia tua et benedictione	L. 392
munere solemnitatis optatae	G. 659
muneribus tuis : tribue q.	L. 379 (G. 688, Gr. 168)
sacramentis et gaudiis	L. 463
Respice Dne.	
familiae tuae preces et opem	L. 420
familiam tuam et praesta	Gr. 31
famulae tuae tibi debitam	G. 632, Gr. 454 (see L. 405)
famulum tuum (*Ill.*) in infirmitate	G. 211, Gr. 265
Respice Dne. munera	
populi tui sanctorum festivitate	L. 400, Gr. 113
quae in sancti Tiburtii	G. 661 (see L. 298, G. 644)
quae in sanctorum	L. 298 (cf. G. 644) see G. 661
supplicantis Ecclesiae	Gr. 166
Respice Dne. propitius	
ad hostiam nostrae servitutis	Gr. 454
ad munera quae sacramus	Gr. 42
ad plebem tuam et quam divinis	L. 481 (G. 510) (see G. 685)
familiam tuam et perpetuam	L. 428
plebem tuam et toto	G. 700, Gr. 253
populum tuum atque ad tuam	L. 373
sacra mysteria quae gerimus	G. 547
super has famulas (*hanc famulam* G. Gr.)	L. 444 (Gr. 184) (see Gr. 452) (see G. 629)
Respice Dne. quaesumus	
afflictionem populi tui	L. 381
nostram propitius servitutem	G. 690, Gr. 170 (see L. 448, G. 628)
pietatis tuae subsidium postulantes	L. 358
plebem tuam de sanctae Caeciliae	L. 459
propitius ad plebem tuam et quam	G. 685 (see L. 481, G. 510)
super famulos tuos et in tua	G. 506
super hanc familiam tuam pro qua	Gr. 54
Respice Dne. super hanc famulam tuam	Gr. 452 (see L. 444, G. 629, Gr. 184)
Respice nos misericors D. et	
mentibus clementer	Gr. 10 (see G. 495)
nomini tuo perfice	Gr. 262
Respice nos o. et misericors D. et	
ab omnibus	L. 372, Gr. 263
mentibus clementer	G. 495 (see Gr. 10)
Respice nos rerum omnium D. creator	L. 438
Respice propitius Dne.	
ad debitam tibi populi	L. 405, Gr. 255
quaesumus afflictionem populi tui	L. 374

INDEX OF COLLECTS. 79

Respice propitius Dne.
    super haec munera quae et   L. 312
    super hanc famulam   G. 629 (see L. 444, Gr. 184, Gr. 452)
Respice quaesumus Dne.
    famulos tuos et in tua misericordia   G. 720
    munera quae pro beati Andreae   L. 464
    nostram propitius servitutem   L. 448 (cf. G. 628) (see G. 690, Gr. 170)
    populum tuum et quem aeternis   Gr. 74
    preces nostras et his muneribus   L. 370
Respice subditam tibi Dne. familiam   L. 393

Sacra tua nos Dne. q. et vivificando   G. 528 (see L. 441, G. 547)
Sacrae festivitatis nobis q. Dne. dona   L. 303
Sacrae nobis quaesumus Dne.
    mensae libatio et piae conversationis   G. 503 (G. 521)
    observationis jejunia   G. 526, Gr. 44
Sacramenta quae sumpsimus
    Dne. D. noster et spiritalibus   Gr. 45 (see G. 584, Gr. 162)
    quaesumus Dne. et spiritalibus   G. 584 (Gr. 162) (see Gr. 45)
Sacramenti tui Dne.
    divina libatio   Gr. 38
    quaesumus sumpta benedictio   G. 680
    veneranda perceptio   G. 523
Sacramenti tui q. Dne. participatio   Gr. 48
Sacramentis Dne. muniamur acceptis   G. 671
Sacramentorum (*tuorum* L.) benedictione satiati   L. 369 (cf. G. 528)
Sacramentorum tuorum Dne. communio   Gr. 113
Sacrandum tibi Dne. munus offerimus   L. 465, Gr. 131 (cf. Gr. 179)
Sacri corporis et sanguinis pretiosi   L. 300 (see L. 295)
Sacri nos Dne. muneris operatio   L. 317
Sacrificia Dne.
    Paschalibus gaudiis immolamus   G. 574 (cf. Gr. 71)
    propensius ista restaurent   G. 532 (see Gr. 53)
    (*q.* Gr.) propitius ista nos salvent   G. 510 (Gr. 32)
    tibi cum Ecclesiae precibus   G. 708
    tuis oblata conspectibus ignis   Gr. 93
Sacrificia nos
    Dne. celebranda purificent   G. 710
    Dne. immaculata purificent   G. 589, Gr. 164
    quaesumus Dne. propensius ista   Gr. 53 (see G. 532)
Sacrificii praesentis quaeso Dne.   Gr. 192
Sacrificii tui Dne. salutaribus   L. 441
Sacrificiis Dne. placatus oblatis opem   G. 715, Gr. 205
Sacrificiis praesentibus Dne. *q. intende placatus*   L. 482, G. 682, Gr. 29, Gr. 35, Gr. 43, Gr. 108, Gr. 124 (Gr. 137, Gr. 138) (cf. Gr. 105)

INDEX OF COLLECTS.

Sacrificium deferimus de perceptione tuorum	L. 420, L. 436
Sacrificium Dne.	
celebramus quod ita nobis debet	L. 304
observantiae Paschalis	G. 506 (cf. Gr. 29)
pro Filii tui supplices venerabili	G. 588
quadragesimalis initii	G. 508 (see Gr. 30)
quod immolamus intende	G. 728, Gr. 201 (Gr. 201 n.)
quod immolamus placatus intende	G. 646
quod pro sanctis martyribus	G. 649
Sacrificium nostrum tibi Dne. quaesumus	G. 675 (Gr. 132) (cf. Gr. 111)
Sacrificium quadragesimalis initii	Gr. 30 (see G. 508)
Sacrificium quod tuae Dne. obtulimus	Gr. 388
Sacrificium salutis nostrae sumentes	Gr. 383
Sacrificium tibi Dne.	
celebrandum placatus intende	L. 364, G. 681
laudis offerimus in tuorum	Gr. 116
laudis offerimus in venerabilium	L. 305
laudis offerimus pro sancti	G. 673
nostrae servitutis offerimus	L. 406
pro sanctorum martyrum	L. 298
Sacris caelestibus Dne. vitia nostra purgentur	L. 317, G. 600, G. 601
Sacris Dne. mysteriis expiati et veniam	L. 435, Gr. 40
Sacris reparati mysteriis suppl. exoramus	L. 299
Sacro munere satiati supplices	L. 400 (G. 546) (Gr. 79, Gr. 96) (cf. Gr. 20, Gr. 111)
Sacro munere vegetatos s. martyrum	L. 405, G. 668
Sacrosancti corporis et sanguinis Dni.	L. 355 (G. 728, Gr. 201)
Salutari munere Dne. satiati supplices	G. 507 (see L. 414, G. 670, Gr. 31 &c.)
Salutari sacrificio Dne. populus tuus semper	L. 402, G. 677
Salutari tuo (*munere* G.) Dne. satiati supplices	L. 414 (G. 670) (see G. 507, Gr. 31 &c.)
Salutaris tui Dne. munere satiati supplices	Gr. 31 (Gr. 96) (Gr. 136) (see G. 507, L. 414 &c.)
Salva nos o. D. et lucem nobis concede	Gr. 259
Salva q. Dne. plebem tuam et benedictionis	L. 350
Sancta tua	
Dne. b. Laurentii martyris	G. 660
nobis Dne. q. intervenientibus qui tibi	L. 390
nos Dne. q. et a peccatis exuant	G. 701 (Gr. 177)
nos Dne. q. et vivificando	L. 441 (G. 547) (see G. 528)
nos Dne. sumpta vivificent	G. 692, G. 714, Gr. 166
S. Caeciliae festa recolentes	L. 458
S. Dei genetricis Mariae gloriosae	Gr. 229
S. mart. tuae Caeciliae	G. 672
S. nos mart. Euphemiae precatio	G. 644
S. Felicis Dne. confessio recensita	G. 636
S. Hippolyti martyris Dne. q. veneranda	G. 662

INDEX OF COLLECTS. 81

S. Joannis Baptistae et martyris tui	G. 665
S. Joannis natalitia celebrantes	G. 650
S. Laurentii nos Dne. precatio justa	L. 397 (see G. 661)
S. Laurentii nos Dne. sancta precatio	G. 661 (see L. 397)
S. Laurentii nos Dne. solemnitas repetita	L. 399
S. Marcelli confessoris tui atque pontificis	G. 637
S. martyres Dne. q. et nominibus suis	L. 463
S. martyris Agapiti Dne. q. veneranda	L. 401
S. martyris Agapiti merita nos	G. 663
S. nominis tui Dne. timorem pariter	G. 590 (Gr. 165)
S. nos q. Dne. Hermis natalitia	G. 665
S. Sixti Dne. frequentata solemnitas	G. 658
S. Spiritus Dne. corda nostra mundet infusio	G. 602 (cf. Gr. 90, Gr. 91)
Sancti tui	
Dne. misericordiam deprecentur	L. 328
nos Dne. Abdo et Senis	G. 657
nos q. Dne. ubique laetificent	Gr. 15, Gr. 181
quaesumus Dne. jugiter nobis a te	G. 677
Sanctifica Dne. haec tibi sacrificia	Gr. 390
Sanctifica Dne. q. nostra jejunia	G. 509 (see Gr. 48)
Sanctifica hoc jejunium (*sic*) tuorum corda	G. 532 (see L. 411, Gr. 49)
Sanctifica nos q. Dne. his muneribus	G. 532
Sanctifica q. Dne. D. per tui nominis	Gr. 381
Sanctifica q. Dne. nostra jejunia	Gr. 48 (see G. 509)
Sanctificata jejunio tuorum corda	L. 411 (see G. 532, Gr. 49)
Sanctificati divino mysterio majestatem	Gr. 199
Sanctificati Dne. salutari mysterio	L. 342
Sanctificationem tuam nobis Dne.	L. 358, Gr. 36 (cf. G. 733)
Sanctificationibus tuis o. D. et vitia	Gr. 34, Gr. 173 (Gr. 53)
Sanctificato hoc jejunio D. tuorum corda	Gr. 49 (see L. 411, G. 532)
Sanctificent nos Dne. sumpta mysteria	G. 530
Sanctificet nos Dne. qua pasti sumus	Gr. 41
Sanctificet nos Dne. q. tui perceptio	L. 407 (Gr. 120) (cf. Gr. 131)
Sanctis intervenientibus Dne. tibi servitus	L. 307, L. 349 (see G. 637)
S. Sebastiano interveniente Dne. tibi servitus	G. 637 (see L. 307, L. 349)
Sanctorum Cyrini Naboris et Nazari	G. 647
Sanctorum Dne. mart. tuorum supplicationibus	L. 296
Sanctorum Dne. sancta deferimus	L. 409
Sanctorum Felicis et Adaucti natalitia	L. 401
Sanctorum Gervasi et Protasi suffragiis	G. 648
Sanctorum mart. nos Dne. Gervasi et Protasi	G. 649
Sanctorum omnium tuorum intercessionibus	Gr. 224 *n*.
Sanctorum precibus	
Dne. confidentes q. (*ut* G.) *per ea*	L. 305 (G. 636) (see G. 615)
Dne. q. salus et mentium	L. 300
Sanctorum tuorum Coronatorum q. Dne.	G. 672
Sanctorum tuorum Dne.	
intercessione placatus	G. 677

W. I.   6

Sanctorum tuorum Dne.
    Nerei et Achillei   G. 646
    precibus adjuvemur   L. 301
    precibus confidentes q. ut per ea   G. 615 (see L. 305, G. 636)
Sanctorum tuorum
    intercessionibus q. Dne.   Gr. 224
    miseris esto Dne. refugium   L. 305
    nobis Dne. pia non desit   L. 403, Gr. 14, Gr. 124
    nos Dne. continua solemnitate   L. 399
    nos Dne. Marcelli et Apulei   G. 671
    nos Dne. Marci et Marcelliani   G. 648
    nos Dne. patrocinia collata   L. 323
    nos q. Dne. semper festa laetificent   L. 455
    q. Dne. quorum nos assiduis   L. 402
Sanctum et venerabilem retributorem   G. 718
S. Dne. Gurgonius sua nos intercessione   G. 667
Satiasti Dne. familiam tuam   L. 394, Gr. 9, Gr. 19, Gr. 115,
                                                           Gr. 135 (Gr. 129)
Satiasti nos Dne. de tuis donis   Gr. 230 (see G. 746)
Satiasti nos Dne. salutari mysterio   Gr. 22 *n.*
Satiati Dne. opulentiae tuae donis   G. 746, Gr. 230
Satiati munere salutari tuam Dne. misericordiam   L. 362
Satiati participatione caelesti et gratias   L. 353
Satiati sumus Dne. de tuis donis   G. 746 (see Gr. 230)
Satisfaciat tibi Dne. q. pro anima   L. 452 (cf. G. 757) (cf. Gr. 220)
Semper Dne. q. fac populum tuum   L. 463
Semper Dne. s. mart. Cyrini Naboris et Nazari   G. 647
Semper nos Dne. mart. tuorum Nerei et Achillei   G. 646
Sempiternae pietatis tuae abundantiam   G. 715
Sensibus nostris
    Dne. Spiritum tuum sanctum   G. 606
    q. Dne. lumen sanctum tuum   G. 744, Gr. 235
Sentiamus Dne. q. tui perceptione sacramenti   L. 378, G. 690 (Gr. 170)
Si iniquitates nostras observaveris Dne.   G. 711
Si vis potens es mundare Dne.   L. 308
Sicut gloriae divinae potentiae munera   G. 648
Sint tibi
    placita Dne. populi tui votiva   L. 311, L. 327
    q. Dne. nostri munera grata jejunii   L. 346 (cf. G. 651)
Sit Dne. q. b. Joannes Evangelista   Gr. 13
Sit nobis Dne.
    q. cibus sacer potusque salutaris   L. 413 (see G. 504)
    reparatio mentis et corporis   L. 372 (G. 689, Gr. 25, Gr. 169)
    sacramenti tui certa salvatio   G. 668 (Gr. 41)
Sit nobis quaesumus Dne.
    cibus sacer potusque salutaris   G. 504 (see L. 413)
    medicina mentes [? mentibus] et corporibus   G. 709
Sit nomini tuo Dne. hoc sacrificium   L. 357

INDEX OF COLLECTS. 83

Sit plebi tuae Dne. continuata defensio	L. 479
Solemne nobis intercessio b. Laurentii	G. 662
Solemnibus jejuniis expiatos suo nos	G. 603
Solemnitatis Apostolicae multiplicatione	L. 345 (G. 655)
Sollicita q. Dne. quos lavasti pietate	G. 582
Spiritum nobis Dne. tuae caritatis infunde	
ut quos sacramentis	Gr. 66, Gr. 68, Gr. 69
ut quos uno	L. 438, G. 706 (Gr. 29) (cf. Gr. 106)
Subde tibi nostras q. Dne. voluntates	L. 480
Subjectum tibi populum q. Dne.	Gr. 39 *n*, Gr. 41, Gr. 248
Subsidio nostrae salutis accepto	L. 383
Subveni Dne. servis tuis pro sua jugiter	G. 521
Subveniat Dne. plebi tuae Dei genetricis	Gr. 114
Subveniat nobis Dne.	
misericordia tua *et* (*ut* Gr.) ab	G. 684 (cf. Gr. 40, Gr. 251)
q. sacrificii praesentis operatio	G. 712, Gr. 269 *n*.
Succurre Dne. quaesumus	
populo supplicanti et opem	L. 421, L. 436 (see Gr. 246)
populo tuo et nullum sequi	L. 481
Succurre q. Dne. populo supplicanti et opem	Gr. 246 (see L. 421, L. 436)
Sumat Ecclesia tua D. b. Joannis Baptistae	G. 650 (Gr. 99)
Sumentes Dne.	
caelestia sacramenta quaesumus	Gr. 93
dona caelestia suppliciter	Gr. 122
gaudia sempiterna	G. 638 (see G. 664)
perpetuae sacramenta salutis	Gr. 194
Sumentes dona caelestia gratias tibi	L. 367
Sumentes gaudia sempiterna	G. 664 (see G. 638)
Sumentes pignus caelestis arcani	L. 296
Sumpsimus Dne.	
celebritatis annuae votiva sacramenta	L. 480 (G. 509) (Gr. 22) (Gr. 118)
divina mysteria b. *Apostoli tui* (*om.* Gr.) Andreae	L. 464 (Gr. 133)
pignus redemptionis aeternae	L. 394 (cf. Gr. 112)
pignus salutis aeternae	G. 654
sacri dona mysterii	L. 374, Gr. 93, Gr. 175
s. Fabiani solemnitate	G. 638
s. tuorum solemnia celebrantes	L. 305 (cf. Gr. 100, Gr. 182) (see Gr. 108 *n*)
s. tuorum Stephani Gamalielis	Gr. 108 *n*, see Gr. 100 &c.
votiva mysteria: q. clementiam tuam	L. 408
Sumpta munera Dne. nostra sanctificatione (*sic*)	G. 652
Sumpti sacrificii Dne. perpetua nos tuitio	L. 437, G. 649, G. 664, G. 707, Gr. 50
Sumptis Dne.	
caelestibus sacramentis ad redemptionis	G. 691 (Gr. 171) (see G. 662, G. 667, Gr. 37, Gr. 44)
remediis sempiternis tuorum mundentur	G. 653

INDEX OF COLLECTS.

Sumptis Dne.
    sacramentis ad redemptionis aeternae   Gr. 37 (see G. 691, Gr. 171)
    sacramentis intercedente   G. 667 (see G. 691 &c.)
    sacramentis q. ut intercedente   G. 662 (see G. 691, G. 667 &c.)
    salutaribus sacramentis ad redemptionis   Gr. 44 (see Gr. 37 &c.)
    salutis nostrae subsidiis   Gr. 388
Sumptis muneribus Dne. quaesumus
    tua [? tui] frequentatione   G. 590 (see G. 681, Gr. 138, Gr. 165)

    ut cum frequentatione   G. 681, Gr. 138, Gr. 165 (see G. 590)

Sumpto Dne. sacramento
    b. Apostolis intervenientibus   L. 340 (see G. 655)
    suppliciter deprecamur   G. 655 (see L. 340)
Sumptum q. Dne. venerabile sacramentum   G. 605
Super has q. *hostias Dne.* benedictio copiosa   L. 457, Gr. 83, Gr. 85 (Gr. 22)
Super populum tuum Dne. q. benedictio   L. 482 (G. 508) G. 525, Gr. 30 *n.*

Supplicandi tibi q. Dne. da nobis   L. 376
Supplicatio tibi nostra Dne. et grata   L. 295
Supplicationem servorum tuorum D. miserator   Gr. 117
Supplicationibus apostolicis b. Joannis   L. 475, G. 499
Supplicem tibi
    Dne. plebem placatus intende   L. 317
    populum Dne. tua munitione custodi   L. 305
Supplices Dne.
    deprecamur ut per haec dona   L. 375
    te rogamus ut fructuum terrenorum   L. 480
    te rogamus ut his sacrificiis peccata   Gr. 45
    te rogamus ut quamvis offensiones   L. 309
Supplices quaesumus Dne.
    pro animabus famulorum   G. 760 (Gr. 223)
    ut munus trepida servitute   L. 359
Supplices te rogamus Deus
    competentibus gaudiis   L. 465
    ne aut malis propriis   L. 402
    ut interventu b. Laurentii   L. 397
    ut munera quae deferimus   L. 367
    ut quos tuis reficis   G. 711 (see Gr. 27 &c.)
Supplices te rogamus Dne. D. noster ut
    qui percepimus   L. 357
    sicut nos Filii   G. 532
Supplices te rogamus o. D. ut
    intervenientibus   Gr. 130
    quos donis   Gr. 111
    quos tuis   Gr. 27, Gr. 85, Gr. 159 (Gr. 35) (cf. Gr. 79) (cf. Gr. 95) (see G. 711)

INDEX OF COLLECTS. 85

Supplices tuam Dne. clementiam deprecamur	L. 317
Suppliciter Dne. sacra familia munus	G. 522
Suppliciter te rogamus Dne. D. noster ut hujus	G. 733
Suscipe creator o. D. quae jejunantes	G. 509
Suscipe Dne. animam servi tui (*Ill.*)	
ad te revertentem de	G. 748
quam	Gr. 214
revertentem ad te : vestem	G. 748
Suscipe Dne. fidelium preces cum oblationibus	Gr. 70, Gr. 163 (cf. Gr. 128)
Suscipe Dne. munera	
familiae tuae quibus et nostris	L. 355
passionibus tuorum dicata	L. 391
plebis tuae pro beatorum	L. 334
pro tuorum commemoratione	Gr. 12
propitiatus oblata quae majestati	G. 658 (see Gr. 120)
propitius oblata quae majestati	Gr. 120 (see G. 658)
quae in ejus tibi solemnitate	Gr. 115 ?
quae pro Filii tui gloriosa	Gr. 85
quae tibi offerimus pro famulo	G. 626 (Gr. 442)
tuorum *votiva populorum*	L. 304 (cf. G. 648)
Suscipe Dne. preces et hostias	G. 731 (Gr. 187) (Gr. 459)
Suscipe Dne. preces et munera	Gr. 105, Gr. 181
Suscipe Dne. preces nostras	
cum muneribus hostiarum	G. 726
et clamantium ad te	Gr. 259
et muro custodiae	G. 742, Gr. 197 (see G. 737)
pro anima famuli tui (*Ill.*)	Gr. 221
Suscipe Dne. preces populi	
supplicantis et nostri	G. 670
tui cum oblationibus	G. 572 (see Gr. 66 &c.)
Suscipe Dne. propitiatus hostias	G. 708 (see G. 729, Gr. 175)
Suscipe Dne. propitius	
Ecclesiae tuae munera	L. 299
hostias quibus et te	G. 729 (Gr. 175) (see G. 708)
munera famulorum tuorum	G. 573
oblationes nostras et tuorum	L. 346
Suscipe Dne. quae in ejus tibi solemnitate	Gr. 115 (see *n*)
Suscipe Dne. quaesumus	
devotorum munera famulorum	L. 476
hostiam redemptionis	G. 701 (see G. 576, Gr. 177)
Suscipe Dne. quaesumus hostias	
laetantis Ecclesiae	L. 406
mentium tuo nomini	L. 450
placationis et laudis quas	G. 666
pro anima famuli tui (*Ill.*) episcopi	L. 454 (cf. G. 753)
quas majestati tuae	L. 308
quas tibi pro salute	L. 450

INDEX OF COLLECTS.

Suscipe Dne. quaesumus munera	
famuli tui	L. 421
populi tui pro martyrum	G. 680
Suscipe Dne. q. oblationes et preces	L. 433
Suscipe Dne. quaesumus preces	
et hostias famulorum tuorum et muro	G. 737 (see G. 742, Gr. 197)
nostras et hujus oblationis	L. 299
populi tui cum oblationibus	Gr. 66, Gr. 67 (see G. 572, Gr. 68)
Suscipe Dne. q. pro sacra lege conjugii	L. 446 (see Gr. 244)
Suscipe Dne. sacrificium	
cujus te voluisti	L. 479 (G. 507)
placationis et laudis	L. 297 (cf. G. 672)
Suscipe misericors Dne. supplicum preces	G. 710
Suscipe munera Dne. quae	
in b. *Agathae* (*Ill.* Gr. 182) martyris	Gr. 24 (cf. Gr. 182)
quae in ejus tibi solemnitate	Gr. 13
Suscipe munera quaesumus Dne.	
exultantis Ecclesiae et cui	G. 578, Gr. 75
quae tibi de tua largitate	G. 689, Gr. 168
Suscipe quaesumus Dne.	
devotorum munera famulorum	G. 510
et plebis tuae et tuorum	G. 571
hostiam redemptionis humanae	Gr. 177 (see G. 576, G. 701)
hostias famuli et Levitae tui	G. 623
hostias placationis et laudis	G. 754
hostias redemptionis humanae	G. 576 (see G. 701, Gr. 177)
Suscipe quaesumus Dne. munera	
dignanter oblata et beati	Gr. 19
plebis tuae quae pro beatorum	L. 339
populorum tuorum propitius	Gr. 72
pro sanctorum tuorum commemoratione	L. 395
quae de tuis offerimus	L. 372
Suscipe quaesumus Dne.	
munus oblatum et dignanter	G. 548 (G. 558)
nostris oblata servitiis	Gr. 33
oblationes familiae tuae ut sub	G. 579
preces famulorum tuorum cum oblationibus	Gr. 199 (see G. 707, Gr. 41)
preces nostras cum oblationibus	G. 618
preces nostras et clamantium	L. 364
preces populi tui cum oblationibus...et	G. 707, Gr. 41 (see Gr. 199)
preces populi tui cum oblationibus...ut	Gr. 68 (see Gr. 66 &c.)
pro anima famuli et sacerdotis tui (*Ill.*)	G. 752
pro sacra connubii lege	Gr. 244 (see L. 446)
tuorum munera famulorum	L. 346
Suscipiamus Dne. misericordiam tuam	Gr. 134
Suscipite venerabiles martyres	L. 482

Tantis Dne. repleti muneribus	L. 377 (G. 587) (Gr. 164)
Tanto nos Dne. q. promptiore servitio	L. 471 (cf. G. 493)
Tanto placabiles q. Dne. nostrae sint hostiae	L. 401
Tanto q. Dne. placatus assume	L. 419
Te Dne. sancte Pater o. aet. D. supplices deprecamur	G. 749
Te lucem veram et lucis auctorem	G. 744, Gr. 235 n.
Te q. Dne. famulantes prece humili	G. 642
Temeritatis quidem est Dne.	Gr. 217
Terram tuam Dne. quam videmus	G. 716, Gr. 206, Gr. 267
Tibi Dne. commendamus animam	Gr. 218
Tibi Dne. sacrificia dicata reddantur	G. 690, Gr. 170
Tibi placitam D. noster populo tuo	L. 413, G. 584
Timentium Dne. salvator et custos	G. 606
Tot sensibus hodiernum Dne. sacrificium	L. 472
Toto tibi Dne. corde substrati	L. 444
Tribuat nobis Dne. q. sanitatem	L. 362
Tribue Dne. quaesumus	
familiae tuae ut exultationem	L. 465
fidelibus tuis ut sicut ait Apostolus	L. 478
Tribue nobis Dne.	
caelestis mensae virtute satiatis	L. 368, G. 586 (see Gr. 163)
caelestis mensae virtutis societatem	Gr. 163 (see L. 368, G. 586)
misericordiam tuam per quam	L. 304
quaesumus ut mysterii	L. 380
Tribue nobis o. D. ut dona caelestia	G. 506
Tribue nobis q. Dne. indulgentiam	G. 531
Tribue nos Dne. q. donis tuis	L. 310
Tribue q. Dne. D. noster ut donis	L. 414
Tribue quaesumus Dne.	
donis tuis libera nos mente servire	L. 300
fidelibus tuis ut jejuniis	L. 430 (see G. 670)
fidelibus tuis ut jejunio	G. 670 (see L. 430)
sanctos tuos et jugiter orare	L. 390
ut eum praesentibus immolemus	G. 502
ut illuc (*semper* G.) tendat Christianae	L. 316 (G. 583) (see G. 589, Gr. 72)
ut per haec sacra quae sumpsimus	G. 589 (see L. 316 &c.)
Tribue quaesumus omnipotens Deus	
ut illuc tendat Christianae	Gr. 72 (see L. 316, G. 583, G. 589)
ut munere festivitatis hodiernae	G. 589
Tribulationem nostram q. Dne. propitius	Gr. 249
Tu Dne. semper a nobis omnem	G. 702
Tu esto q. Dne. populi tui munimen	L. 368
Tu famulis tuis q. Dne. bonos mores	G. 720 (see G. 526)
Tu famulos tuos q. Dne. bonis moribus	G. 526 (see G. 720)
Tu nobis Dne. auxilium praestare digneris	G. 748
Tu semper q. Dne. tuam attolle	G. 526

88 INDEX OF COLLECTS.

Tua Dne.
    muneribus altaria cumulamus   L. 324 (Gr. 99) (cf. G. 650)
    propitiatione et b. Mariae   Gr. 388
    protectione confidens benedictionem   L. 354
    sperantes in te quae sumpsimus   Gr. 199 *n.*
Tua nobis Dne. medicinalis operatio   G. 702 (see G. 699, Gr. 168, Gr. 174)

Tua nos Dne.
    dona reficiant et tua gratia   G. 746
    medicinalis operatio   G. 699 (Gr. 174) (cf. Gr. 168) (see G. 702)
    protectione defende et ab omni   Gr. 40
Tua nos Dne. quaesumus
    gratia benedicat et ad vitam   Gr. 260
    gratia et sanctis exerceat   G. 528
    gratia semper et praeveniat   Gr. 172, Gr. 261
    pietate dispone   L. 418
Tua nos Dne.
    sacramenta custodiant   G. 692, Gr. 172
    veritas semper illuminet   Gr. 235 (cf. Gr. 258)
Tua nos misericordia D. et ab omni   Gr. 53
Tua nos quaesumus Dne.
    miseratio gloriosa purificet   L. 375
    (*quae sumpsimus* G.) sancta purificent   L. 437 (G. 580) (Gr. 47)
Tua sacramenta nos D. circumtegant   G. 702, Gr. 178
Tua sancta
    nobis o. D. *quae sumpsimus* (*om.* G. 698) et indulgentiam   G. 702, Gr. 178 (G. 698)
    sumentes q. Dne. ut beati Magni   G. 664
Tueatur (*q.* G., Gr.) Dne. dextera tua populum   L. 415 (cf. G. 526, Gr. 51)
Tuere Dne. plebem tuam
    et beatorum Apostolorum   L. 339
    et sacra solemnia   L. 481
Tuere Dne. populum tuum
    et ab omnibus peccatis   L. 440 (Gr. 29)
    et salutaribus praesidiis   L. 295, Gr. 254
Tuere Dne. quaesumus
    famulos tuos et a terrenis   L. 351
    nos famulos tuos ut a peccatis   L. 368
Tuere Dne. supplices tuos sustenta fragiles   L. 298
Tuere nos Dne. divinis propitius sacramentis   G. 709
Tuere nos Dne. precibus sancti Laurentii   L. 397
Tuere nos Dne. q. tua sancta sumentes
    et ab omni   G. 712 ?
    et ab omnibus   G. 716, Gr. 207
Tuere nos
    misericors D. et b. Andreae   G. 674
    superne moderator et fragilitatem   Gr. 262

INDEX OF COLLECTS. 89

Tuere propitius Dne. q. familiam tuam et quam	L. 443
Tuere quaesumus Dne.	
familiam tuam et spiritalibus	G. 699
familiam tuam ut salutis aeternae	Gr. 123
plebem tuam et sacram solemnitatem	G. 504
Tui Dne. perceptione sacramenti	Gr. 32, Gr. 131
Tui nobis Dne. communio sacramenti	G. 698, G. 701, Gr. 169
Tui [? Tuere] nos Dne. q. tua sancta sumentes	G. 712
Tui nos Dne. sacramenti libatio	Gr. 30, Gr. 136
Tui sunt Dne. populi qui ministerium	L. 358
Tuis Dne. quaesumus	
adesto supplicibus et inter	G. 518, G. 693
operare mysteriis ut haec tibi	G. 517
Tuorum nos Dne.	
largitate donorum et temporalibus	L. 479, G. 510, Gr. 32 (cf. G. 685)
quaesumus precibus tuere sanctorum	G. 640
Tuus est dies Dne. et tua est nox	G. 745, Gr. 236
Unigeniti tui Dne. nobis succurrat	Gr. 118
Ure igne sancti Spiritus renes nostros	Gr. 387
Ut a nostris excessibus Dne. temperemus	Gr. 262
Ut accepta (*tibi* Gr.) sint Dne. nostra jejunia praesta	G. 523 (Gr. 94)
Ut ad salutaris hodiernae generationis exordium	L. 473
Ut cunctis nos Dne. fovens adjumentis	L. 420, L. 436, Gr. 262
Ut nobis Dne. terrenarum frugum tribuas ubertatem	G. 604
Ut nos Dne. tribuis solemne tibi deferre jejunium	Gr. 123
Ut percepta nos Dne. tua sancta purificent	Gr. 118
Ut sacrificia nostra Dne. propitiatus intendas	L. 399
Ut sacris Dne. reddamur digni muneribus	Gr. 36 (Gr. 175)
Ut tibi grata sint Dne. munera populi tui	L. 364 (cf. G. 501)
......ut tibi gratae sint pro martyrum	L. 293
Ut tuam Dne. misericordiam consequamur fac nos	Gr. 259
Vegetet nos Dne. semper et innovet	L. 415 (cf. G. 531)
Veneranda nobis Dne. hujus est (*sic*) diei	Gr. 114
Veniat Dne. q. populo tuo supplicanti	G. 686
Veritas tua q. Dne. luceat in cordibus	G. 744, Gr. 235
Veritatis auctor et misericordiae Deus	L. 443
Vespertinae laudis officia persolventes	G. 745 (Gr. 236)
Vide Dne. infirmitates nostras et celeri	Gr. 260
Vincula Dne. q. humanae pravitatis	Gr. 260
Virtute s. Spiritus Dne. munera	G. 599
Virtutum caelestium Deus	
de cujus gratiae rore	G. 553
promissionis tuae munus	L. 436
qui ab humanis corporibus	G. 735 (cf. Gr. 211)

Virtutum caelestium Deus
    qui nos annua   L. 323
    qui plura praestas quam   L. 418
Visita q. Dne. *familiam* (*plebem* G.) tuam et corda   L. 411 (cf. G. 532)
Vitia cordis humani haec Dne. q. medicina   G. 707
Vivificent nos Dne. tui munera sacramenti   L. 381
Vivificet nos Dne. sacra participationis infusio   G. 707
Vivificet nos quaesumus Dne.
    hujus participatio sancta   G. 691, Gr. 171 (see L. 356, G. 729, Gr. 202)

    participatio *tui* (*tua* G. 729) sancta mysterii   L. 356, Gr. 202 (cf. G. 729) (see G. 691, Gr. 171)

Voci nostrae q. Dne. aures tuae pietatis   G. 682
Vota nostra q. Dne. pio favore prosequere   Gr. 81
Vota populi tui Dne. propitiatus intende   L. 325, Gr. 121, Gr. 130
Vota q. Dne. supplicantis populi   Gr. 16, Gr. 159
Votiva Dne.
    dona *percepimus* (*percipimus* G.)   L. 403 (G. 678) (Gr. 14)
    munera deferentes   G. 647
    pro b. conf. tui et ep. Donati   G. 659
    pro b. mart. tui Laurentii   G. 661
Votivis q. Dne. famulae tuae (*Ill.*)   G. 633
Vox clamantis Ecclesiae ad aures   L. 356 (Gr. 251)
Vox nostra te Dne. semper deprecetur   Gr. 259

INDEX OF BENEDICTIONS, EXORCISMS, AND FORMS OF ORDINATION AND INVESTITURE.

Accingere gladio tuo super femur	Gr. 462
Accipe annulum fidei scilicet signaculum	Gr. 442
Accipe baculum	
hunc in nomine Patris	Gr. 496
pastoralis officii	Gr. 442
Accipe et	
commenda et habeto potestatem	Gr. 406 (see Gr. 419)
esto verbi Dei relator	Gr. 406 (see Gr. 418)
Accipe evangelium et vade praedicare	Gr. 442
Accipe gladium desuper b. Petri corpore	Gr. 461
Accipe jugum Domini	G. 428
Accipe plenitudinem scilicet Pontificalis	Gr. 449
Accipe potestatem legendi evangelium	Gr. 425
Accipe regulam a sanctis patribus traditam	Gr. 450
Accipe signum	
crucis tam in fronte quam in corde	G. 593
gloriae diadema regni	Gr. 459, 462
Accipe Spiritum sanctum	Gr. 429 n.
Accipe stolam candidatam	Gr. 425
Accipe virgo velamen sanctum	Gr. 453
Accipite ceroferarium cum cereo	Gr. 419
Accipite et	
commendate memoriae	Gr. 419 (see Gr. 406)
estote verbi Dei relatores	Gr. 418 (see Gr. 406)
urceolum vacuum	Gr. 420
Accipite manipulum per quem designantur	Gr. 422
Accipite potestatem offerre sacrificium	Gr. 429
Ad honorem Domini nostri Jesu Christi	Gr. 429
Adesto Dne. supplicationibus nostris	
et famulos tuos assidua	G. 721
et famulos tuos quos	G. 736
et hanc domum	G. 737 (Gr. 227)
et hunc famulum	Gr. 183 (Gr. 415) (Gr. 450)
nec sit ab hoc	G. 504 (Gr. 209)

INDEX OF BENEDICTIONS, EXORCISMS, AND

Adesto Dne. tuis adesto muneribus	G. 595
Adesto q. o. D. *bonorum* (*honorum* Gr. 360) dator	L. 423 (G. 515) (Gr. 360) (Gr. 410) (Gr. 424)
Aeternam ac justissimam pietatem tuam	G. 537 (Gr. 60, Gr. 155)
Audi maledicte Satanas adjuratus	G. 536 (Gr. 155 *n*)
B. Petri principis apostolorum interventionibus	Gr. 229
Benedic Dne. creaturam istam	
lapidis	Gr. 497
panis	Gr. 229
ut sit remedium	Gr. 229
Benedic Dne.	
dona tua quae de tua largitate	G. 746, Gr. 229
et hos fructus novos	Gr. 506 (see G. 746 &c.)
hanc crucem tuam	Gr. 502
hanc domum et omnes	G. 741
has creaturas lactis et mellis	Gr. 505 (see also L. 318)
hoc famulorum tuorum dormitorium	Gr. 231
hos fructus novos	G. 746, Gr. 228 (see G. 588, Gr. 109, Gr. 506)
hunc fructum novarum arborum	Gr. 506
lapidem istum ut sit	Gr. 497
quaesumus hunc principem	Gr. 461
Benedic huic domui Dne. benedic dominis	G. 741
Benedic o. D. hanc creaturam salis	Gr. 60, 153
Benedicantur nobis Dne. tua dona	Gr. 229
Benedicat te D. Pater et Filius et Spiritus sanctus	Gr. 453
Benedicat vos omnipotens Deus	Gr. 499
Benedicere digneris Dne. hoc scriptorium	Gr. 231
Benedictio Dei Patris et Filii et Spiritus sancti	Gr. 414 (Gr. 429)
Clementissime Dne. cujus inenarrabilis	Gr. 500
Commendamus tibi Dne. animam	G. 751
Concede q. o. D. et famulum tuum (*Ill.*)	Gr. 267
Consecramus et sanctificamus hanc patenam	G. 611 (Gr. 185) (Gr. 499)
Consecrare et sanctificare	
dignare Dne. hanc patenam	Gr. 499 (see G. 611, Gr. 185)
dignare hunc calicem	Gr. 500
digneris Dne. lapidem istum	Gr. 482 (Gr. 494)
digneris Dne. manus istas	Gr. 429
digneris Dne. patenam hanc	G. 611, Gr. 185 (see Gr. 499)
Consecrentur manus istae	G. 622 (Gr. 414)
Consecretur hoc sepulcrum	Gr. 481, Gr. 494
Consolare Dne. hanc famulam tuam	G. 726 (cf. Gr. 454)
Creator et	
conservator humani generis	G. 610
gubernator humani generis	Gr. 506
Cunctorum bonorum institutor D. qui Moysem	Gr. 450

FORMS OF ORDINATION AND INVESTITURE. 93

Da q. clementissime Pater in quo	Gr. 503
Da q. o. D. ut haec famula tua N.	Gr. 454
Deprecamur Dne. clementiam pietatis	Gr. 228
Deprecamur misericordiam tuam o. aet. D.	Gr. 185
Descendat in hanc plenitudinem fontis	Gr. 64
Descendat q. Dne. D. noster Spiritus sanctus	Gr. 241 (Gr. 487)
Deus Abraham, D. Isaac, D. Jacob	
D. qui Moysi	G. 535 (Gr. 154)
D. qui tribus Israel	G. 536 (Gr. 155 *n*)
Deus aeterne ante cujus conspectum	Gr. 233
Deus aeternorum bonorum fidelissime	G. 631 (Gr. 451)
Deus angelorum D. archangelorum	Gr. 237
Deus apud quem omnia morientia	G. 752
Deus bonarum virtutum dator	Gr. 184
Deus caeli D. terrae D. angelorum	G. 535 (G. 154 *n*)
Deus castorum corporum benignus	L. 444 (G. 629) (cf. Gr. 184) (see Gr. 452)
Deus conditor et defensor generis humani	Gr. 238
Deus cujus	
bonitas ut non habuit principium	Gr. 142 *n* (see Gr. 491)
Filius pro salute humani generis	Gr. 51 *n*.
providentia omnis creatura adulta	Gr. 416 (see G. 743, Gr. 266)
providentiam creatura omnes crementes (*sic*)	G. 743 (see G. 266, Gr. 416)
spiritu creatura omnis incrementis	Gr. 266 (see G. 743, Gr. 416)
Deus et Pater Dni. nostri Jesu Christi	Gr. 441
Deus honorum omnium D. omnium dignitatum	L. 422 (Gr. 357) (cf. G. 625) (see Gr. 439)
Deus humani generis conditor	G. 609
Deus immortale praesidium omnium	Gr. 155
Deus in cujus manu corda sunt regum	Gr. 456 (cf. G. 731)
Deus incrementorum et profectuum spiritalium	G. 555
Deus indulgentiae Pater qui severitatem	Gr. 451
Deus inenarrabilis auctor mundi	Gr. 456
Deus invictae	
potentiae majestatis immensae	Gr. 496
virtutis auctor et *inseparabilis* (*insuperabilis*)	Gr. 226 (Gr. 469) (cf. Gr. 474)
virtutis auctor et omnium rerum creator	Gr. 501
Deus misericors D. clemens cui cuncta	Gr. 451
Deus mundi conditor auctor luminis	G. 564 (Gr. 145)
Deus omnipotens	
in cujus *honorem* (*honore hoc* Gr.) altare	G. 611 (Gr. 185)
Pater Dni. n. J. C. qui regenerasti	G. 571 (G. 596) (see Gr. 65, Gr. 497)
Pater Dni. n. J. C. qui te regeneravit	G. 570 (G. 596) (Gr. 65, Gr. 264) (Gr. 157)
qui in Cana Galileae	Gr. 475
Deus Pater aeternae gloriae sit adjutor	Gr. 461
Deus patrum nostrorum D. universae	G. 534 (Gr. 153)

Deus qui
    ad salutem humani generis maxima   G. 738, 740 (Gr. 225, 264, 468)
        adesse non dedignaris   Gr. 449
        apostolis tuis sanctum dedisti   Gr. 498
        apostolum tuum Petrum   Gr. 449
        b. crucis patibulum   Gr. 504
        ecclesiam tuam de omnibus   Gr. 493
        ex omni *coaptatione* (*coaptione* Gr.)   G. 614 (Gr. 241) (Gr. 482) (Gr. 494)

        famulantibus tibi mentis   Gr. 230
        hanc arboris pumma (*sic*)   G. 747
        hominem ad imaginem tui   G. 609
        in omni loco dominationis tuae   Gr. 481 (Gr. 492)
        invisibili potentia   G. 568 (Gr. 63)
        loca nomini tuo *dicata* (*dicanda* Gr.)   G. 609, Gr. 477
        mundi crescentis exordio   G. 722
        nos ad delicias   G. 746
        per coaeternum Filium tuum   Gr. 451
        potestate virtutis tuae de nihilo   Gr. 245
        solus habes immortalitatem   Gr. 465
        vestimentum salutare   Gr. 183
        virtute sancti Spiritus tui   Gr. 56
Deus sanctificationum
    auctor cujus vera consecratio   Gr. 414 (see G. 514, Gr. 428)
    omnipotens (*om.* Gr.) dominator cujus pietas   G. 609 (Gr. 477)
    omnium auctor cujus vera consecratio   Gr. 428 (see G. 514, Gr. 414)
Deus universae carnis creator   Gr. 505
Dignare Dne.
    (*D. noster* Gr. 186) calicem istum   G. 612 (Gr. 186) (Gr. 500)
    Deus omnipotens rex regum   G. 612
Dne. D. beatarum virtutum dator   Gr. 452
Domine Deus omnipotens
    cui adstat exercitus   Gr. 501
    cujus est omnis potestas   Gr. 458
    Pater Dni. nostri Jesu Christi   G. 607
    qui ab initio hominibus utilia   Gr. 486 (see G. 611)
    qui sororem Moysis Mariam   Gr. 450
    sicut ab initio hominibus vitalia   G. 611 (see Gr. 486)
Domine Deus Pater omnipotens
    benedic hanc creaturam salis   Gr. 473
    statutor omnium elementorum   Gr. 473
Dne. D. preces nostras clementer exaudi   L. 423 (G. 515, Gr. 409)
Dne. Jesu Christe
    panis angelorum   Gr. 505
    qui es via   Gr. 451
    qui tegimen nostrae mortalitatis   Gr. 451
    qui tua ineffabili miseratione   Gr. 496

FORMS OF ORDINATION AND INVESTITURE.   95

Dne. sancte Pater o. aet. D.	
aquarum spiritalium	G. 595
clemens et propitius	Gr. 484 (Gr. 485)
Dne. s. Pater o. aet. D. benedicere dign*eris* (*are* Gr.)	
fam. tuum hunc nom. (*Ill.*) in off. Exorc.	G. 622 (Gr. 407) (cf. Gr. 419)
fam. tuum (*hunc* Gr. 406) nom. (*Ill.*) in off. Lect.	G. 621 (Gr. 406) (cf. Gr. 418)
fam. tuum hunc nom. (*Ill.*) *quem* ad Subdiac.	G. 622 (Gr. 409) (cf. Gr. 422)
hunc famulum tuum Ostiarium (*in off. O.*)	G. 621, Gr. 406 (Gr. 417)
Dne. sancte Pater o. aet. D.	
bonorum [? honorum] omnium	L. 424 (see G. 513, Gr. 359, Gr. 412, Gr. 427)
exaudi precem meam	G. 740
honorum	G. 513 (cf. Gr. 359, Gr. 412) (see L. 424) (see Gr. 427)
Hosanna in excelsis	Gr. 239
iteratis precibus te supplices	G. 723
locorum omnium sanctificator	Gr. 489
qui *ad* (*om.* 420) Moysen et Aaron	Gr. 407 (cf. Gr. 420)
qui coelum et terram	Gr. 228
qui es et eras [et] permanes	G. 594
qui per Jesum Christum Filium tuum	Gr. 407 (cf. Gr. 420)
virtutem tuam totis exoro gemitibus	G. 592 (Gr. 237)
Dne. *sanctae* (*sancte Pater* Gr.) spei fidei gratiae	G. 516 (cf. Gr. 411)
Emitte *q.* (*om.* Gr.) Dne. Spiritum s. Paraclitum	G. 555 (Gr. 55)
Ergo maledicte diabole recognosce	G. 535 (Gr. 154)
Et idcirco huic famulo tuo quem apostolicae	Gr. 271 (Gr. 448)
Exaudi Dne. preces nostras et	
haec linteamina	Gr. 487
super *hanc* (*hos* Gr. 425) (*hunc* Gr. 360)	Gr. 266 (cf. Gr. 360, Gr. 425)
Exaudi nos Deus	
salutaris noster et super hos	L. 424, Gr. 412 (G. 513)
noster et precum nostrarum	Gr. 493
Exaudi nos Dne. sancte Pater	
o. *aet.* (*sempiterne* Gr.) D. et mittere	G. 739 (cf. Gr. 227)
o. aet. D. ut si qua	Gr. 227
Exaudi nos	
o. D. et in hujus aquae substantiam	G. 594
q. Dne. D. noster et super h*unc*	Gr. 359 (cf. Gr. 426)
Exaudi q. o. D. preces nostras et hanc vestem	Gr. 452
Exorcizo te creatura aquae	
in nomine Dei Patris et Filii et Spiritus Sancti	Gr. 473
in nomine Dei Patr. omnipotentis...Omnis	G. 595 (cf. G. 739) (see Gr. 263)
in nomine Dei Patr. omnipotentis...ut fias	Gr. 225, Gr. 264 (Gr. 468)
in nomine Dni. nostri	Gr. 263 (see G. 595)
per D. vivum per D. sanctum	G. 595

Exorcizo te creatura olei
  in nomine   G. 557
  per Deum omnipotentem   G. 597
Exorcizo te creatura salis
  et aqua (*sic*)   G. 741
  in nomine Dei   G. 534 (Gr. 153 *n*)
  in nomine Dni. nostri   Gr. 473
  in nomine Patris   G. 739
  per D. vivum   Gr. 225 (Gr. 467)
Exorcizo te immunde spiritus
  in nomine   G. 536 (Gr. 156 *n*)
  per Patrem   G. 536 (Gr. 156 *n*)
Exuat te Dnus. veterem   Gr. 451
Exultet jam angelica turba   Gr. 143

Famulas tuas (*m* 452) Dne. tuae custodia muniat   Gr. 266 (Gr. 452)
Famulum tuum Dne. ad tui baptismi   G. 592
Fiat commixtio
  aquae et vini   Gr. 475
  salis et cineris   Gr. 474

Haec agite quia reddituri estis   Gr. 417
Haec commixtio salis et cineris   Gr. 474
Hoc Dne. copiose in caput ejus   Gr. 440

Immensam clementiam tuam o. aet. D. humiliter   Gr. 225 (Gr. 467)
In nomine
  Dni. nostri Jesu Christi accipe hanc peram   Gr. 496
  Patris et Filii et Spiritus sancti haec commixtio   Gr. 468
Induat te Dnus.
  novum   Gr. 451
  vestimento salutis   Gr. 425
Ingredientes Dne. in hoc tabernaculum   G. 743
Innumeras medelae tuae curas   G. 591

Majestatem tuam Dne. humiliter imploramus   Gr. 486
Medelam tuam deprecor Dne.   Gr. 263
Misereatur tibi o. D. frater quia graviter   Gr. 382
Multiplica Dne.
  benedictionem tuam et Spiritu   Gr. 186 (see G. 619)
  in hac area frumenti   Gr. 268
  super nos misericordiam tuam   G. 742 (Gr. 232)

Nec te latet Satanas   G. 563 (Gr. 155) (cf. Gr. 61)

Officio nostrae dignitatis in reginam   Gr. 466

Omnipotens et misericors Deus	
quaesumus immensam pietatem	Gr. 232
qui benedixisti horrea Joseph	Gr. 232
qui es doctor cordium humanorum	Gr. 231
qui famulos tuos in hac domo	Gr. 231
qui necessitatem humani generis	Gr. 233
qui sacerdotum ministerio	Gr. 230
qui ubique praesens es	Gr. 231
Omnipotens Pater misericordiarum	G. 608
Omnipotens sempiterne Deus	
a cujus facie caeli distillant	G. 591 (Gr. 237)
adesto magnae pietatis tuae	G. 568 (Gr. 63)
affluentem spiritum	Gr. 450
altare hoc tuo nomini	Gr. 487
benedic linteamen istud	Gr. 500
creator et conservator humani generis	Gr. 475
cujus sapientia hominem docuit	Gr. 233
fons et origo totius bonitatis	Gr. 464
fons lucis et origo bonitatis	Gr. 421
hoc baptisterium caelesti visitatione	Gr. 186 (see G. 618)
insere te officinis nostris	Gr. 227
manibus nostris q. opem	Gr. 500 (see G. 613)
multiplica super nos misericordiam tuam	G. 742
Omnipotens sempiterne Deus parce metuentibus	
et propitiare supplicibus tuis ut post	G. 741 (Gr. 227)
propitiare supplicibus et mittere	Gr. 474
Omnipotens sempiterne Deus	
propitiare peccatis nostris et ab omni	Gr. 415
qui es[t] via veritas et vita	Gr. 496
qui in omni loco dominationis	Gr. 469
qui legalium institutor es	Gr. 499
qui per Moysen famulum tuum	Gr. 501
qui regenerare dignatus es hos famulos	Gr. 65, Gr. 497 (see G. 571, G. 596)
qui regenerasti famulum tuum	G. 596
respice propitius super hunc famulum	Gr. 265
respicere dignare super hunc famulum	Gr. 60 (Gr. 152)
Omnipotens Trinitas inseparabilis	G. 613 (see Gr. 500)
Oremus (*sic*) pietatem tuam o. D. ut has	G. 746
Pater mundi conditor nascentium genitor	L. 447 (G. 722)
Praesta Dne. q. famulis tuis renuntiantibus	G. 743
Praesta o. D. huic famulo tuo (*Ill.*) cujus	Gr. 183 (cf. Gr. 416)
Praesta q. o. D. ut hic famulus tuus (N.) cujus	Gr. 416 (cf. Gr. 183)
Praesta q. o. D. ut huic famulo tuo (*Ill.*) qui	Gr. 266
Precem tibi fundimus Dne. rerum genitor	L. 483
Propitiare Dne. supplicationibus nostris et inclinato	L. 422, G. 624 (Gr. 357) (Gr. 439, Gr. 448)

INDEX OF BENEDICTIONS, EXORCISMS, AND

Prospice q. o. D. serenis obtutibus	Gr. 460
Protege nos Dne. D. noster	G. 745
Quaesumus omnipotens Deus	
in cujus honore hoc altare	Gr. 484
universarum rerum rationabilis	Gr. 496
ut famulum tuum quem ad regimen	Gr. 450
Refice nos Dne. (q. Gr.) donis tuis	G. 745, Gr. 229 & n.
Reficiamus (sic) Dne. de donis	G. 745
Respice Dne. propitius super has famulas (hanc famulam G. Gr.)	L. 444 (G. 629) (Gr. 184) (Gr. 452)
Rogamus te Dne. sancte Pater	Gr. 502
Sancta Trinitas firmitatem tuam	Gr. 447
Sanctae Dei genetricis Mariae	Gr. 229
Sancte Pater o. D. qui famulum tuum	G. 607
Sancte Spiritus qui te Deum ac Dnum.	Gr. 451
Sanctifica Dne. Jesu Christe istud signaculum	Gr. 504
Sanctificationum omnium auctor cujus vera	G. 514 (see Gr. 414, Gr. 428)
Sanctificetur hoc altare	Gr. 476
Sanctificetur hoc templum	Gr. 483
Sanctificetur istius officinae locus	Gr. 233
Sanctificetur istud signum	Gr. 504
Sic age quasi redditurus Deo rationem	Gr. 405
Signo te signo crucis et confirmo te	Gr. 498
Spiritus sancti gratia nostrae humilitatis	Gr. 465
Stola innocentiae induat te Dnus.	Gr. 428
Supplicationibus nostris o. D. effectum	Gr. 449
Supplices tibi Dne. D. Pater o. preces	Gr. 495*
Suppliciter te Dne. rogamus ut super hanc vestem	Gr. 452
Suscipe Dne. preces nostras et muro	G. 742, Gr. 197
Te deprecamur o. D. ut benedicas hunc fructum	G. 747
Te deprecor Dne. sancte Pater o. aet. D. ut huic	G. 593
Te Deum Patrem suppliciter exoramus	Gr. 507
Te Dne. supplices exoramus ut visitatione	G. 592
Te invocamus Dne. sancte Pater o. aet. Deus super has famulas (hanc famulam Gr.)	G. 631 (cf. Gr. 453)
Tua nos Dne. dona reficiant	G. 746
Ungatur et consecretur caput tuum	Gr. 440
Veniat ergo o. D. super hunc incensum	G. 565

* Misnumbered 795.

FORMS OF ORDINATION AND INVESTITURE.

*V.D.... Adesto precibus nostris	Gr. 478
*V.D.... Bonorum dator et distributor omnium	Gr. 427 (see L. 424, G. 513, Gr. 359, Gr. 412)
*V.D.... Castorum corporum benignus	Gr. 452 (see L. 444, G. 629, Gr. 184)
*V.D.... Cujus immensa bonitas	Gr. 491 (see Gr. 142 *n*)
*V.D.... Cujus sanctum et terribile nomen	Gr. 502
*V.D.... Et ut propensiori cura	Gr. 485
*V.D.... Honor omnium dignitatum	Gr. 439 (see L. 422, G. 625, Gr. 357)
*V.D.... Qui in principio inter caetera	G. 556 (Gr. 55)
*V.D.... Qui mysteriorum tuorum secreta	G. 557
*V.D.... Qui post offendicula	Gr. 495†
Vere quia dignum et justum est invisibilem	Gr. 143
Videte cujus ministerium vobis	Gr. 421
Videte ut quod cantatis ore	Gr. 416

---

* These forms begin, like the Eucharistic Prayer, with an introductory Preface,—" Vere dignum et justum est......aeterne Deus." In some of the parallel forms occurring in one or other of these Sacramentaries this Preface is omitted.

† Misnumbered 795.

INDEX OF FORMS OF BIDDING OF PRAYERS, NOTIFICATIONS, INSTRUCTIONS, ETC.

Acolytum oportet ceroferarium ferre	Gr. 419
Anniversariam fratres carissimi jejunii	G. 602
Annua nobis est dilectissimi jejuniorum	L. 410
Antiqui memores chirographi	G. 749
Aperturi vobis filii carissimi Evangelia	G. 537
Audistis dilectissimi Dominicae orationis	G. 535
Auxiliante Dne. D. [*et* Gr.] Salvatore nostro	G. 512 (Gr. 408) (Gr. 423, 426)
Commune votum communis oratio	G. 516 (Gr. 423, 426) (cf. Gr. 411)
Debitum humani corporis sepeliendi	G. 751
Dei Patris o. misericordiam	G. 610 (Gr. 483)
Deum indultorem criminum	Gr. 141 *n* (Gr. 491)
Deum judicem universitatis	G. 749
Deum omnipotentem	
ac misericordem qui non vult	G. 764
fratres carissimi in cujus domum	G. 740 (see Gr. 475)
fratres dilectissimi vocibus	Gr. 493
Deum Patrem omnipotentem fratres carissimi	
in cujus domo	Gr. 475 (see G. 740)
supplices deprecemur ut hos......in off. Exorc.	Gr. 419 (cf. G. 621 and Gr. 407)
suppliciter deprecemur ut hos......in ord. Acolytorum	Gr. 420
suppliciter deprecemur ut hos......in off. Ostiar.	Gr. 417 (cf. G. 621 and Gr. 405)
Deum Patrem omnipotentem	
supplices deprecemur ut hunc......in off. Exorc.	G. 621, Gr. 407 (cf. Gr. 419)
suppliciter deprecemur ut hunc......quem in off. Ostiarii	G. 621, Gr. 405 (cf. Gr. 417)
Diaconum oportet ministrare ad altare	Gr. 422
Dilectissimi fratres inter caetera virtutum	G. 635
Dilectissimi nobis accepturi sacramenta	G. 539
Dnus. et salvator noster	G. 543

INDEX OF FORMS OF BIDDING OF PRAYERS, ETC. 101

Eligunt te fratres tui ut sis Lector	G. 621 (Gr. 406) (see Gr. 418)
Eligunt vos fratres vestri ut sitis Lectores	Gr. 418 (see G. 621, Gr. 406)
Episcopum oportet judicare	Gr. 438
Exorcistam oportet abjicere daemonem	Gr. 418
Filii carissimi ne diutius ergo	G. 538
Hac hebdomade nobis mensis decimi	L. 416
Haec summa est fidei nostrae	G. 542
Illius mensis jejunia in hac nobis	G. 603
Joannes habet similitudinem aquilae	G. 539
Lapidem hunc fratres carissimi	Gr. 495 *
Lectorem oportet legere ea quae praedicat	Gr. 417
Lucas evangelista vituli	G. 539
Marcus evangelista leonis	G. 538
Noverit vestra devotio sanctissimi fratres	G. 635
Obsequiis autem rite celebratis	G. 751
Omnipotentis Dei misericordiam dilectissimi	G. 750
Oremus D. ac Dnum. nostr. fratres carissimi	
ut super servum......quem ad Subdiac.	G. 622 (see Gr. 409, Gr. 422)
ut super servos......quos ad Subdiac.	Gr. 422 (see G. 622, Gr. 409)
Oremus D. ac Dnum. n. ut super servum	Gr. 409 (see G. 622, Gr. 422)
Oremus dilectissimi D. Patr. omnipotentem	
ut super hos......quos ad off. Diac.	L. 423 (G. 515, Gr. 409) (Gr. 424) (see Gr. 360)
ut super hos......quos ad Presbyterii	L. 424 (G. 513, Gr. 412) (Gr. 426) (see Gr. 359)
ut super hos......quos in ord. Lect.	Gr. 418
ut super hunc......quem ad Presbyterii	Gr. 359 (see L. 424, G. 513, Gr. 412, Gr. 426)
ut super hunc......quem in sacr. ord.	Gr. 360 (see L. 423, G. 515, Gr. 409, Gr. 424)
Oremus dilectissimi fratres	
Dnum. nostr. J. C. pro hoc famulo suo	Gr. 182 (Gr. 415)
ut *Dnus. D.* (*D. et Dnus.* Gr.) noster calicem	G. 611 (Gr. 499)
Oremus dilectissimi nobis	
Deum Patrem omnipotentem ut cunctis	G. 561, Gr. 58
in primis pro Ecclesia	G. 560 (see Gr. 57)

* Misnumbered 795.

Oremus dilectissimi nobis
    omnipotenti Deo pro filio nostro (*Ill.*)   G. 718
    pro Ecclesia sancta Dei   Gr. 57 (see G. 560)
    ut his viris ad utilitatem   G. 624 (see Gr. 438)
    ut huic viro utilitati   Gr. 438 (see G. 624)
Oremus et pro
    beatissimo Papa nostro   Gr. 57 (see G. 560)
    catechumenis nostris   G. 561, Gr. 58
    Christianissimo imperatore   G. 561 (Gr. 58)
    famulo Dei Papa nostro   G. 560 (see Gr. 57)
    haereticis et schismaticis   G. 561, Gr. 59
    omnibus episcopis   G. 560, Gr. 58
    paganis   G. 562 (Gr. 59)
    perfidis Judaeis   G. 562 (Gr. 59)
Oremus fratres carissimi
    pro anima cari nostri (*Ill.*)   G. 750 (see Gr. 216)
    pro spiritu cari nostri (*Ill.*)   Gr. 216 (see G. 750)
    ut D. o. hoc ministerium   G. 612
Ostiarium oportet percutere cymbalum   Gr. 417

Pio recordationis affectu fratres carissimi   G. 747 (Gr. 213)

Quoniam dilectissimi fratres rectores navis   Gr. 411

Sacerdotem oportet offerre benedicere praeesse   Gr. 426
Scrutinii diem dilectissimi fratres   G. 533
Sicut qui invitatus renuit   G. 515
Sit nobis fratres communis oratio   G. 514 (Gr. 413)
Subdiaconum oportet praeparare aquam   Gr. 421

www.ingramcontent.com/pod-product-compliance
Lightning Source LLC
Chambersburg PA
CBHW020147170426
43199CB00010B/923